꿈은 그렇게 거대한 것이 아니다. 자신의 몸과 마음에 어울리는, 그저 '한 걸음 앞으로'일 뿐이다. 그렇게 한 걸음씩 작은 성공을 모아 자신만의 브랜드를 만든 청년이 바로 '드로우앤드류'다. 2년 전 그를 처음 만났을 때보다 현재의 그는 훌쩍 더 성장해 있었다. 한 번에 이룬 결과가 아닌, 매일 '한 걸음 도전'을 실행한 결과였다. 꿈 앞에서 작아져 가는 청년들에게 드로우앤드류의 이야기는 누구나 도전 가능한 '한 걸음씩 앞으로' 나아가는 멋진 성공을 선물해줄 것이다.

_김미경(유튜브 MKTV, 지식커뮤니티 MKYU 대표)

이 책은 어두운 새벽을 걷고 있는 사람들에게 손을 내밀며 한 발씩 걸어나가자고 말한다. 내 앞에 놓인 장애물들이 사실은 내게 주어진 기회이며 당겨야 할 '레버'라고 말이다. 나 또한 그의 이야기에 용기를 얻어 얼어붙은 발걸음을 뗄 수 있었다. 못난 나를 주인공으로 만들어주는 푸르고 멋진 한 권의 책! 이제는 당신이 이 책을 읽고 발걸음을 떼어 하나뿐인 당신만의 이야기를 꺼낼 차례다.

_이연(유튜브 '이연LEEYEON' 운영자, 『겁내지 않고 그림 그리는 법』 저자)

이제 누구나 올라타고 질주할 수 있는 부의 추월차선이 열렸다. 드로우앤드류는 내가 아는 밀레니얼 중 가장 자유롭게 부의 추월차선을 달리는 사람이다. 선택은 당신의 몫이다. 당신은 능동형 인간인가, 수동형 인간인가? 이 책을 읽고 부디 '즐겁게 일하면서도 경제적 자유를 얻을 수 있다는 확실한 사실'을 확인하길 바란다.

_신사임당(유튜브 '신사임당' 운영자, 『킵고잉(KEEP GOING)』 저자)

이제 세상은 개인이 콘텐츠가 되거나 플랫폼이 되어 돈을 버는 시대가 되었다. 그리고 우리가 생각했던 것보다 그 시대는 너 깊숙이 우리의 삶 속에 들어와 있다. 드로우앤드류는 이 책을 통해 그러한 세상에서 어떻게 '좋아하는 일'로 돈을 벌고 살고 있는지 구체적으로 제시한다. 책을 읽는 동안 나도 무언가를 시작해보고 싶어 온몸이 근질거렸다. 많은 분에게 '다양한 시작'을 만들어줄 수 있는 책이 될 것이라고 확신한다.

_이승희(『기록의 쓸모』, 『별게 다 영감』 저자)

LUCKY DRAW

나만의 길을 찾을 때까지
인생의 레버를 당기는 법

LUCKY
DRAW

럭키 드로우

드로우앤드류 지음

다산
북스

어두운 사막 한가운데

휘황찬란한 불빛을 내뿜는 도시,

라스베이거스에 간 적이 있다.

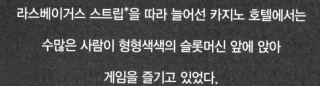

라스베이거스 스트립*을 따라 늘어선 카지노 호텔에서는

수많은 사람이 형형색색의 슬롯머신 앞에 앉아

게임을 즐기고 있었다.

* 라스베이거스 중심부에 위치한 최대 번화가.

그들은 돈을 넣고 슬롯머신의 레버를 당기는 것에

큰 두려움이 없어 보였다.

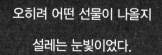

오히려 어떤 선물이 나올지

설레는 눈빛이었다.

돈을 잃고 있다는 사실도 잊은 채,

언젠가 자신도 잭팟을 터뜨릴 수 있으리라 기대하며

계속해서 돈을 넣고 레버를 당겼다.

화려하게 돌아가는 슬롯머신 앞에서

탄식과 탄성을 내지르는 사람들을 보니

이런 생각이 떠올랐다.

오직 운으로만 결정되는 이 게임에서는

두려움 없이 돈을 넣고 레버를 당기면서

왜 인생이라는 게임에서 레버를 당기는 것은

그토록 망설이는 걸까?

어쩌면 진짜 잭팟은 슬롯머신이 아니라

내 안에서 찾아야 하는 게 아닐까?

그렇다면 나는 인생이라는 게임에서

얼마나 많은 레버를 당겨봤을까?

어떤 결과가 나올지는 아무도 모른다.

그래서 나는 오늘도 두려운 마음 대신

설레는 마음으로 레버를 당긴다.

내 인생의 럭키 드로우를.

5만 원짜리

이케아 책상에서 시작된 이야기

한국에서 취업할 자신이 없었던 나는 우연히 지원한 인턴십 프로그램 덕분에 25살에 미국에서 인턴 생활을 시작했다. 돈이 없어 유학 생활은 꿈도 꾸지 못한 내게 미국 인턴십은 한 줄기 희망이었다. 하지만 미국에서의 현실은 더 냉혹했다. 인턴이라는 이유로 불합리한 대우를 받아야 했고, 3년 가까이 온 힘을 다해 일했던 회사로부터 하루아침에 해고 통지를 받았다. 외국인이라는 이유로 늘 취업 시장에서 뒤로 밀려났고, 취업 비자가 만료되었을 때는 모든 걸 포기하고 한국으로 돌아와야 했다. 낯선 땅에서 부족한 것투성이였던 나에게 남은 것이라곤

나 자신뿐이란 걸 알게 된 순간, 나는 다시 한번 나를 믿어보기로 했다. 이 선택이 내 인생을 송두리째 뒤바꾸리란 사실을 그때는 알지 못했다.

미국에 온 지 수년이 흐른 2017년, 유난히도 화창하던 캘리포니아의 여름날. 평소처럼 회사로 출근하던 길에 갑자기 차를 돌렸다. 마치 드라마의 주인공이 된 것처럼 무언가를 결심한 표정으로 빠르게 프리웨이를 달렸다. 내가 도착한 곳은 늘 가보고 싶었지만 미루고 미뤘던 오렌지 카운티Orange County의 헌팅턴 비치Huntington Beach였다. 회사에는 컨디션이 좋지 않다고 이야기했다. 2년 넘게 한 회사를 다니며 처음으로 낸 거짓 병가였지만 양심의 가책은 없었다. 그렇게라도 하지 않으면 심장이 터져버릴 것 같았다.

주말에는 인파가 모이는 곳이었지만 평일 오전이어서 그런지 무척 한적했다. 노래를 들으며 해변을 걷다가 털썩 주저앉아 멍하니 바다를 보았다. 해변을 향해 부서지는 파도 소리가 노랫소리와 섞여 내 머릿속 고민들이 잠자고 있는 문을 두

드리는 듯했다. 나는 지쳐 있었다. 미국에 온 지 수년이 흘렀으나 여전히 내 미래는 불투명했고, 미래에 대한 걱정으로 내 마음은 늘 답답했다. '이대로 괜찮은 걸까? 한국에 돌아가야 할까?' 그때 마침 귓가에 익숙한 노랫말이 들렸다.

Never gonna give you up.

Never gonna let you down,

Never gonna run around and desert you.

널 절대 포기하지 않을 거야.

절대 슬프게 하지 않을 거고,

절대 버리고 도망치지 않아.

릭 애스틀리Rick Astley의 노래 「네버 거너 기브 유 업Never gonna give you up」이었다. 전형적인 사랑 노래였지만 그날따라 내 귀에는 꿈에 대한 이야기로 들렸다. 어쩌면 이렇게 외치고 싶었는지 모르겠다. "나는 내 꿈을 절대 포기하지 않을 거야, 절대 슬프게 하지 않을 거고, 절대 버리고 도망치지 않아…" 그리고 나는 처음으로 스스로에게 질문하기 시작했다.

"앤드류, 너의 꿈은 뭐야?"

이토록 간단한 물음에도 나는 왜 그동안 대답을 망설이고 있었던 걸까? 어차피 내가 뭐라고 말하든 들을 사람도, 비난할 사람도 없었는데 말이다. 실제로 그때 내 주위엔 아무도 없었다. 더 이상 망설이지 않고 솔직하게 답하기로 했다. "나는 좋아하는 일로 행복하게 일하는 사람이 되고 싶어. 나만의 공간도 갖고 싶고, 유명한 브랜드와 협업해 멋진 프로젝트도 해내고 싶어." 아무도 듣고 있지 않았기에 내 입에서는 수많은 질문과 대답이 쏟아지기 시작했다. 그렇게 나는 한참 동안 나 자신과 대화를 이어나갔다. 나중에는 마치 내가 성공한 사람이 되어 유명 언론사와 인터뷰하는 상상을 하며 묻고 답하기까지 했다.

이것이 보잘것없는 내가 스스로를 응원할 유일한 방법이었다. 나를 인정해주는 사람이 없다면 내가 인정해주면 된다. 내게 관심 있는 사람이 없다면 내가 나에게 관심을 주면 된다.

나를 세상과 이어주는 사람이 없다면 내가 세상과 나를 이어주면 된다. 미래가 어떻게 될지 알 수 없지만, 지금 당장 내가 할 수 있는 건 나만의 방식으로 인생이라는 레버를 당겨보는 것뿐이었다. 나는 먼저 나의 꿈에 이름을 붙여주었다. "드로우앤드류. 앤드류(나)를 그리다." '드로우앤드류'는 '내가 꿈꾸는 나를 그려나간다'라는 뜻이다. 그리고 이케아에서 5만 원을 주고 구입한 가로 120센티미터, 세로 60센티미터짜리 책상 위에서 드로우앤드류의 세계를 그려나가기 시작했다.

그리고 5년이 흘렀다. '그래, 그건 내 인생의 럭키 드로우였어.' 5년 전 혼자 바닷가에 앉아 스스로에게 던졌던 물음들은 이제 수많은 인터뷰에서 내가 받는 질문이 되었고, 나는 당시를 추억하며 담담히 오늘을 대답하고 있다. 마치 미래를 예견이라도 한 것처럼 말이다. 혼자 내뱉으며 꿈꾸던 이야기는 현실이 되었고 이제는 수십만 명의 사람이 나의 이야기를 들어준다. 작은 이케아 책상에서 시작한 일은 8평의 작업실을 거쳐 내가 '마세슾My Safe Space'이라고 부르는 50평의 한강뷰 작업실로 이어졌다. 내가 꿈꾸던 나만의 멋진 공간도 생겼고, 멋진 브랜드와 협업하며 좋아하는 일로 행복하게 일하는 사람이 된 것이다. 그리고 이 이야기를 책으로 써 내려가고 있다. 누군가는 내게 운이 좋았다고 말한다. 맞다. 나는 운이 좋은 사람이다. 내가 당겼던 인생이라는 게임의 레버, 즉 멈추지 않고 시도했던 수많은 행동이 운과 만나 지금의 나를 만들었으니 말이다. 모든 순간 보장된 결과는 없었다. 어떤 결과가 나올지는 몰랐지만 나는 그저 나를 위해 레버를 당겼을 뿐이다.

한국에서의 취업이 두려워 미국 인턴십에 지원한 것, 안정적인 회사를 포기하고 이직을 선택한 것, 회사에서 느낀 열등감을 에너지로 변환해 인스타그램에 쏟아낸 것, 나의 이야기를 세상에 전하고 싶어 유튜브를 시작한 것, 취업 비자가 만료되자 미국에서 쌓은 모든 걸 포기하고 귀국을 결정한 것, 한국에 돌아와 거액의 연봉을 거절하고 취업이 아닌 사업을 시작한 것…. 지나고 보니 나를 위해 끌어당긴 선택과 도전, 그 모든 순간이 내게는 '럭키 드로우'였다.

이 책의 초고 가제는 '밀레니얼 후배의 앞서가는 비밀 노트'였다. 제목처럼 나는 밀레니얼 세대다. 저성장과 저금리가 당연한 것으로 여겨지고 계층 사다리가 무너진 시대, 2008년 금융 위기 이후 사회 생활을 시작하며 취업난에 시달리는 우리를 보고 세상은 '부모보다 가난한 첫 세대', '아프기만 한 청춘'이라고 부른다. "어린놈이 벌써 앞서가는 비밀을 안다고?" 나는 우리를 밀레니얼이라고 이름 지은 세상을 도발하기 위해 이런 발칙한 제목을 지었다.

지금도 내 이메일과 인스타그램 DM에는 절절한 고민과 사연이 담긴 수백 통의 질문이 쌓여 있다.

"저는 제가 뭘 좋아하고 뭘 잘하는지 모르겠어요. 어떻게 해야 할까요?"

"제가 지금 잘하고 있는지 모르겠어요. 저의 문제점을 찾아주세요."

"저는 이런 일을 하고 싶어요. 하지만 자신이 없어요. 과연 제가 성공할 수 있을까요?"

나는 이 질문들에 아무런 답변도 하지 않는다. 이유는 간단하다. 그 일이 성공할지는 직접 해보기 전까지 절대 알 수 없기 때문이다. 그리고 그 일을 내가 대신해줄 수도 없기에 함부로 답할 수도 없다. "내가 과연 성공할 수 있을까?" 누구나 한 번쯤 스스로에게 던져봤을 이 질문에 나는 이렇게 되묻고 싶다. "당신은 인생이라는 게임에서 얼마나 많은 레버를 당겨보았나요?"

나는 성공한 사람이 아니라 여전히 성장하는 사람이기에, 때때로 앞날에 대한 고민으로 불안해지기도 하고 수많은 걱정에 잠을 설치기도 한다. 하지만 나는 믿는다. 성공도, 성장도 인생에서 얼마나 많은 '럭키 드로우'를 만들어왔는지에 달렸다는 것을. 당길 것인가, 말 것인가? 선택은 결국 당신의 몫이다.

2022년 1월
인생이라는 게임의 레버를 당기려는 모든 사람에게
나의 이야기가 용기가 되길 바라며,

드로우앤드류

차   례

DRAW 2

내가 설 무대가 없다면 직접 만드는 수밖에

DRAW 3

나는 내일도 내 일을 한다

DRAW 4
부자는 아니지만 돈은 잘 법니다

DRAW 5
밀레니얼 후배의 앞서가는 비밀 노트

마치며

결과는 모르지만

두렵기보다는 설레는 순간

스물다섯 살,
내가 당긴 첫 번째 레버

3년간의 휴학을 마치고 복학한 학교는 많이 달라져 있었다. 함께 입학했던 동기들은 이미 취업을 했거나 취업 준비에 한창이었고, 나는 처음 보는 후배들과 4학년 1학기를 보내게 되었다. 주변에선 다들 바쁘게 살아가고 있는 것 같은데 나만 앞으로 무엇을 해야 할지 이렇다 할 계획이 없는 것 같았다. 미래에 대한 고민이 깊어질 무렵 학교 도서관에 들렀다. 수많은 지식이 고요하게 잠자고 있는 이곳에서라면 어떤 계시처럼 뾰족한 수가 떠오를 것만 같았다. 그러다 문득 도서관 게시판에 붙어 있는 포스터에 시선이 꽂혔다. 미국 인턴십에 참가할 장학생을 모집한다는 내용이었다.

"어? 이거 서류 제출이 내일까지네." 평소엔 있는 줄도 몰
랐던 학교 게시판을 이렇게 보게 된 것에는 분명 이유가 있다
는 생각에, 곧바로 집에 돌아와 앉은자리에서 지원 서류를 작
성해 제출했다. 어차피 취업할 회사도 정해지지 않았고, 아직
사회에 나갈 준비도 부족한 상황이었다. 미국 인턴십은 이런
내게 좋은 도피처가 될 것 같았다. 처음엔 한번 지원이나 해보
자는 생각이었고 큰 기대는 없었다. 그런데 막상 서류를 제출
하고 나니 미국에서 일하는 내 모습이 그려지면서 괜히 설레기
시작했다.

사실 나는 바로 작년까지만 해도 학교를 휴학한 채 워킹홀
리데이 비자로 호주에서 살고 있었다. 주로 식당에서 설거지와
서빙 아르바이트를 하며 돈을 벌었는데, 그때만 해도 전공을
살려 해외에 취업을 한다는 것은 어렸을 때부터 해외 유학을
한 사람들만의 전유물이라고 생각했다. 내게 해외에서 디자이
너로 일하는 사람들은 로망 그 자체였다. 하지만 이번엔 달랐

다. 어쩌면 이 인턴십이 내가 평소 선망해오던 삶에 나를 더 가까이 데려다줄지도 모른다는 생각이 들었다.

며칠 뒤, 서류 전형에 합격해 면접을 보러 오라는 문자를 받았다. 상상이 점점 현실이 되고 있다는 생각에 덜컥 겁이 났다. 정장이 없던 나는 바지춤에 어설프게 셔츠를 구겨 넣고 친구에게 빌린 구두를 신은 채 면접장에 들어갔다. 5명이 함께 우르르 들어가 면접관 앞에서 1명씩 질문에 답변을 하는 방식이었다. 마지막에는 영어 면접이 포함되어 있었다. 나와 함께 면접을 본 학생들 중에는 미국 어학연수를 다녀온 사람, 토익 스피킹 점수가 아주 높은 사람도 있었다. 하지만 영어 면접은 나도 자신이 있었다. 비록 어학원에 다녀본 적은 없었지만, 휴학후 1년간 머물렀던 호주에서 일자리를 구하려고 수많은 영어 면접을 본 경험이 있었기 때문이다. 어휘와 문법은 조금 부족했지만 설거지와 서빙을 하며 원어민들과 맨몸으로 부딪혀 배운 영어로 면접관들의 질문에 막힘없이 대답할 수 있었다.

결과는 '합격'이었다. 우연히 포스터를 발견해 '한번 지원이나 해보자'며 도전한 인턴십 프로그램에 진짜로 합격해버린 것이다. 나는 최종 합격 통지서를 받고서야 인턴십에 지원했다는 사실을 부모님께 알렸다. 그 뒤로 미국 이민국과 에이전시 그리고 현지 회사와의 화상 면접을 통해 여름방학이 끝날 즈음에 LA의 한 한인 회사에 인턴으로 입사하게 되었다. 나의 첫 번째 럭키 드로우는 그렇게 시작되었다. '일단 당겨나 보자' 하는 심정으로 도전한 나의 작은 행동이, 오래전부터 막연히 상상해오던 꿈으로 나를 이끌어주었다.

이렇게 길고 고된 여정이
될 줄은 몰랐지

아직 사회에 나가기 두려웠던 내게 미국 인턴십은 도피처였다.
명문대를 나온 것도 아니고 자랑할 만한 영어 점수나 공모전
입상 같은 스펙도 없는 내가 과연 제대로 된 회사에 취업이나
할 수 있을지 자신이 없었다. 작은 회사에 가더라도 내가 정말
재밌게 일할 수 있는 곳에 가고 싶었지만 정작 내가 어떤 일을
재밌게 할 수 있을지, 내가 무엇을 하고 싶은지 잘 몰랐다. 그래
서 일단 1년이라는 인턴십 기간 동안 앞으로 내가 진짜 무엇을
하고 싶은지 찾아보자는 가벼운 마음으로 미국행 비행기에 올
랐다. 하지만 이것이 길고 고된 여정의 시작일지는 미처 알지

못했다.

캘리포니아는 따뜻할 것이라는 막연한 생각에 겨울옷 한 벌 챙기지 않은 채 캐리어 하나에 백팩만 달랑 메고 LA 공항에 도착했다. 어둠이 짙은 밤, 공항 셔틀버스를 타고 곧장 숙소로 향했다. 아무것도 보이지 않는 어두운 프리웨이를 한참 달리다 LA 다운타운으로 들어서자 차창 밖으로 줄지어 늘어선 빌딩들이 보이기 시작했다. '와, 여기가 말로만 듣던 LA구나. 내가 과연 여기서 잘 적응할 수 있을까?' 으리으리한 빌딩들 앞에 괜히 위축되는 기분이었다.

미국에 도착하고 이틀이 지나서 첫 출근을 하게 되었다. 캘리포니아주 가디나Gardena라는 도시에 위치한 한인 회사였는데, 사무실에 있는 대다수의 직원은 한국에서 이민을 온 분들이었다. 국제전자제품박람회Consumer Electronics Show나 매직 쇼Magic Show(미국 라스베이거스에서 매년 2월, 8월에 열리는 북미 최대의 패션 박람회) 같은 공간에 들어가는 부스를 디자인하고 제작하는 회사였고, 내가 맡게 된 일은 부스에 필요한 디지털 파일을 내려받아

시트지 전용 프린터로 출력해 부스 벽에 붙이는 무척 단순한 업무였다. 나머지는 사무실과 물류 창고를 오가며 사수들의 심부름을 하는 정도였다. 처음부터 대단한 일을 할 것이라는 기대는 없었기에 그저 맡은 일을 열심히 하고 평일 저녁과 주말에는 밖으로 나가 다양한 경험을 쌓자는 것이 내 계획이었다. 그로부터 3개월의 시간이 흘렀다. 미국에서의 생활도, 회사의 일도 어느 정도 적응을 했을 무렵 회사에 조금 복잡한 문제가 발생했다.

어느 날 팀장님이 나를 조용한 곳으로 불렀다. "앤드류, 뭐 잘못한 거 있지? 본인은 알 텐데?" 갑작스러운 팀장님의 추궁에 나는 너무나 당황스러웠다. "네? 제가요? 무슨 일 때문에 그러시죠?" 정확한 내부 사정을 이야기할 수는 없지만 아무튼 내가 누명을 쓰게 된 것만은 확실했다. 회사에서 쫓겨날 수도 있다는 이야기까지 전해 들은 나는 눈앞이 캄캄해졌다. "제가 잘못했습니다. 앞으로 조심하겠습니다." 무엇을 잘못했는지, 앞으로 뭘 조심해야 하는지 알 수 없었지만 회사에서 최약자였던 나는 그저 상사에게 잘못을 비는 것 말고는 할 수 있는 일이 아무엇도 없었다.

다행히 이 사건은 오해에서 비롯된 해프닝으로 밝혀졌고 나의 누명도 자연스럽게 벗겨졌다. 하지만 당사자인 나는 쉽게 충격에서 벗어나지 못했다. 반복되는 심부름과 지루한 일과는 그나마 남아 있던 회사에 대한 정마저 떨어뜨렸고, 나를 협박한 팀장님 밑에서 더 이상 웃으며 일할 자신도 없어졌다. 며칠 고민 끝에 나는 인턴십 에이전시에 연락했다. 자초지종을 들은 에이전시 측에서는 내게 두 가지 선택지를 제시했다. 하나는 지금 다니는 회사에서 남은 기간을 잘 마치고 귀국하는 것이고, 다른 하나는 '한 달 안'에 다른 회사로 이직을 하는 것이었다. 다만 그 한 달 안에 새 회사를 찾지 못하면 바로 한국으로 돌아가야 한다고 했다.

집으로 돌아온 나는 조용히 생각에 잠겼다. '과연 내가 이 곳에서 혼자 힘으로 이직을 할 수 있을까? 이름도 처음 듣는 한국이라는 나라에서 대학교를 다니는, 그것도 아직 졸업도 하지 않은 대학생을 받아줄 미국 회사가 있을까?' 한 달 안에 이직을 못 하면 강제로 귀국을 해야 한다고 생각하니 불안한 마음이 엄습했다. '어떻게 온 미국인데….' 1년도 채우지 못하고 한국에 돌아갈 수는 없었다. 그날 밤 수많은 걱정과 고민으로 새벽녘에야 겨우 잠이 들었다.

다음 날 평소처럼 출근을 한 뒤 에이전시에 전화를 걸었다. "저 이직 해볼게요!" 어젯밤까지만 해도 머릿속에 가득 차 있던 두려움과 걱정은 회사 사무실에 들어서자마자 싹 사라졌다. 나는 스스로 답을 내렸다. '그래, 3개월이면 충분히 할 만큼 한 거야.' 한국에 돌아가는 한이 있더라도 나는 이곳에서 더 이상 내 시간과 에너지를 낭비하고 싶지 않았다. 그날 저녁 퇴근하자마자 한국에 있는 어머니에게 전화를 걸어 내 서랍 속에 있는 외장하드의 자료들을 이메일로 보내달라고 부탁했다. 그러곤 책상에 앉아 한국에서 가져온 13인치 HP 노트북을 열어 이력서를 쓰고 포트폴리오를 만들기 시작했다. 나 스스로도 내가 가진 것이 부잘것없다는 걸 잘 알았지만, 절박한 심정으로 나의 잠재력을 이력서와 포트폴리오에 고이 담아 이곳저곳에 닥치는 대로 보냈다. 그렇게 나의 럭키 드로우는 또다시 당겨졌다.

시급 10달러를 받고
일을 시작하다

"저는 경력은 없지만 디자인 하나는 정말 잘할 자신이 있어요."
이력서를 돌린 지 얼마 되지 않아 한 회사로부터 연락을 받아
면접을 보러 갔다. 책상 4개 정도가 들어가는 10평 남짓한 작은
사무실이었다. 면접을 보러 직접 나온 사장님이 내가 맡게 될
업무를 이야기해주었다. 홍콩의 종이 공장을 기반으로 미국에
서 문구 사업을 시작한 신생 회사였다. 문구를 디자인해본 경
험은 없었지만 평소에 인쇄물 디자인에 관심이 많았던 나는 마
음이 급해지기 시작했다. 심부름만 하는 지금의 회사보다 규모
는 작았지만, 이곳에서 훨씬 더 재밌는 일을 많이 해볼 수 있겠

다고 직감했기 때문이다.

　나는 구인광고에 나와 있던 시급보다 2.5달러나 낮춘 시급 10달러로 나를 한 달만이라도 써볼 것을 제안했다. 그리고 내가 괜찮으면 계속 써달라고 이야기했다. 어떻게든 미국에서 살아남고 싶었던 내게 다른 방법은 없었다. 그렇게 나는 잡다한 심부름을 하던 인턴에서 직원 3명의 자그마한 문구 회사의 디자이너로 일을 시작하게 됐다.

　레이먼 사장님은 처음부터 나에 대해 큰 기대가 없었던 것 같다. 한국에서 인턴 비자로 온 신입 그래픽 디자이너가 스스로 자신의 임금을 깎아서 일하겠다는데 마다할 이유가 있었을까? 홍콩계 출신으로 미국에 넘어와 문구 브랜드를 시작한 사장님은 중국에서 종이 공장을 운영하는 아버지와 동업을 하고 있었다. 어릴 때부터 공장 일을 배워 질 좋은 제품을 만드는 방법은 알고 있었지만 디자인은 친숙하지 않았던 사장님에게 '저임금의 한국인 인턴 직원'은 나쁘지 않은 옵션이었을 것이다.

사장님은 중국의 종이 공장에서 얼마든지 다양한 지류를

얻을 수 있으니 만들어보고 싶은 상품을 자유롭게 디자인해보

라고 늘 이야기해줬다. 내일 당장 한국에 돌아가야 할지도 모

른다는 위기의 절벽 끝에 주어진 기회였기에 나는 내 모든 능

력을 끌어내 회사 일에 매진했다. 직함은 그래픽 디자이너였지

만 회사에서 내가 실제로 하는 일은 훨씬 더 다양했다. 상품 개

발 및 디자인 작업부터 촬영·보정·편집·웹디자인까지, 여기에

더해 소셜미디어 홍보 등 회사에 필요한 모든 업무를 자진해

맡았다. 트레이드쇼에서 정장을 입고 어설픈 영어로 바이어들

에게 영업을 하는 것은 물론 팝업스토어에서 손님들에게 상품

을 판매하기도 했다. 모델 섭외 비용을 아끼려고 직접 카메라

앞에 서기도 했다.

시급 10달러를 받으면서도 대체 어떻게 이토록 열심히 일

할 수 있었던 걸까? 회사가 내게 큰 기대를 갖지 않았기 때문

에 오히려 부담 없이 다양한 일을 맡아 도전해볼 수 있었던 것

같다. 게다가 나를 포함한 다른 동료들도 모두 경력 없는 신입

이었고, 모든 일이 처음인 우리는 너나없이 서로의 일을 도왔

다. 내가 디자이너였음에도 회사의 인스타그램 계정을 관리하고 마케팅까지 병행했던 것도 바로 이 때문이다. 이 시절 겁 없이 시도한 다양한 경험이 나중에 내가 하는 일들에 어떤 영향을 미칠지 당시엔 전혀 알지 못했다.

기대가 낮다는 건
뭐든 해볼 수 있다는 것

그 후로 나는 어떤 일이든 기회가 주어지면 열심히 했다. 하지만 모든 일이 노력만 한다고 다 잘 풀리는 것은 아니었다. 회사는 그동안 시즌마다 새로운 문구 상품을 구매하는 바이어들을 만나기 위해 여러 박람회에 참가했지만 늘 작은 성과도 거두지 못한 채 번번이 빈손으로 돌아왔다. 물론 내가 합류한 뒤에도 상황은 크게 변하지 않았다. 문구 시장에 대한 경험이 부족했던 우리는 박람회 준비부터 바이어들에게 연락하는 일까지 모든 과정이 허술했다. 게다가 박람회에 한 번 참여할 때마다 최소 1000만 원이 넘는 큰돈이 들어가다 보니 회사는 조금이라도 예산을 줄이고자 출장 인원을 늘 최소 인원으로 꾸렸다. 디자이너였던 나는 자연히 박람회 출장에서 항상 뒷전이었다. 박람회가 끝날 때면 주문이 단 1건도 들어오지 않았다는 이야기만 전해 들을 뿐이었다. 3개월 넘게 열심히 준비한 디자인 제품을 박람회에 출품했지만 주문이 없어 그 어떤 바이어의 피드백도 듣지 못하자 힘이 빠졌다. 열심히 웹사이트를 만들어놓았지만 브랜드 인지도가 워낙 낮아서 이렇다 할 트래픽도 없었다.

무엇이 잘못됐는지도 모른 채 시간이 흘렀고, 몇 달 뒤 애틀랜타에서 열린 박람회에서도 결과는 마찬가지였다. "이번에도 아무런 주문이 들어오지 않았네…." 현장에 가보지 못한 나로서는 답답한 마음뿐이었다. 주문이 하나도 들어오지 않았다는 건 내가 디자인한 제품이 바이어들의 눈에 들지 못했다는 뜻이었기 때문이다. 모든 게 다 내 디자인 실력이 부족해서 그런 것만 같았다. 이대로 가만히 손 놓고 있을 수만은 없었다. 팀원들이 애틀랜타에서 돌아오기 전에 다시 리서치에 집중하기로 했다. 다른 문구 브랜드들이 시장에서 어떻게 자기들만의 입지를 다지고 성장했는지 알아내기 위해 그들의 인스타그램을 뒤지기 시작했다.

　우선 경쟁 업체 중 대형 브랜드들의 인스타그램을 시작으로 우리와 비슷한 규모의 중소형 브랜드들까지 샅샅이 리서치했다. 그러던 중 한 문구 브랜드의 인스타그램 계정을 발견했다. 그들 또한 소규모 브랜드였지만 인스타그램 팔로워 수는 우리보다 훨씬 많았고 팬들과의 소통도 활발했다. 나는 그 계정에 올라온 모든 게시물을 하나도 빠짐없이 다 읽었다. 결국 나는 그들이 아주 오래전 올린 게시물에서 한 가지 힌트를 찾아냈다. 그것은 바로 '로컬 페어'였다. 그들은 지역에서 열리는 박람회에 나가 브랜드 인지도를 다지기 시작했고 그것을 기반으로 조금씩 영역을 확장하고 있었다.

　"사장님, 우리도 로컬 페어에 나가보면 어떨까요? 현장에서 직접 소비자들의 피드백을 받아보면 좋을 것 같아서요." 애틀랜타에서 돌아온 사장님에게 나는 미리 준비한 자료를 보여주며 LA에서 열리는 '레니게이드 크래프트 페어_{Renegade Craft Fair}'라는 곳에 참여해보자고 제안했다. "가까운 곳이네. 참가비도 얼마 안 하고. 그럼 한번 나가보지 뭐." 레이먼 사장님은 흔쾌히 내 의견을 받아들였다. 1000만 원이 넘는 국제 박람회 참가비에 비하면 지역 박람회 참가비는 대개 50만 원에서 100만 원 사이로 훨씬 저렴했다. 지역 행사라 출장비도 거의 들지 않았다. 렌트 트럭을 대신해 사장님 차와 내 차에 짐을 잔뜩 실어 옮기고 부스도 직접 제작하기로 했다. 손이 많이 가더라도 판매 부스에서 소비자들과 직접 대면하며 내가 디자인한 제품에 대한 생생한 피드백을 들을 수 있다는 생각에 가슴이 두근거렸다.

아침 일찍 행사장에 도착해 설레는 마음으로 상품을 진열하고 손님을 기다렸다. 그리고 나는 그 페어에서 처음으로 내가 디자인한 제품이 팔리는 장면을 목격했다. 그것도 아주 많이. '그래, 내 디자인이 문제가 아니었어!' 국제 박람회에 온 바이어들은 제한된 시간 안에 전시장에 있는 수많은 상품 중에서 '잘 팔릴 만한 물건'을 찾아내야 하기 때문에, 1차적으로는 브랜드 인지도로 상품성을 판단해 필터링을 했다. 하지만 지역 박람회의 소비자들은 달랐다. 그들은 브랜드가 아닌 상품 자체만을 보고 구매했다. 그리고 나의 디자인은 그들을 만족시키기에 충분했다.

사실 처음에는 회사에서도 여태 그래왔듯이 내가 제안한 로컬 페어에 대해서는 큰 기대가 없었다. 다음 박람회까지는 3개월 정도 남아 있었고 그동안 주문도 전혀 없었으니 '밑져야 본전'이라는 마음으로 돈이 별로 들지 않는 로컬 페어라도 한 번 참가해보자는 생각이었을 것이다. 그래서 부스도 다른 참가자와 함께 써야 하는 반쪽짜리 부스를 빌렸고 재고도 상품별로 4~5개 정도만 가지고 참가했다. 하지만 예상치 못한 인기에 상품은 금세 동이 났고, 나는 급히 사장님에게 전화를 걸어 창고에 있는 재고를 행사장으로 가져다달라고 부탁했다. 주말이라 집에서 가족들과 시간을 보내고 있던 사장님은 내 연락을 받고는 허겁지겁 제품을 차에 싣고 행사장에 달려왔고 나와 함께 한참이나 부스에 머무르며 일을 도와줬다. 반년 넘게 사장님과 일하면서 그렇게 밝은 표정을 본 건 그날이 처음이었다. 나중에 동료에게 전해 들은 이야기인데, 그다음 박람회를 끝으로 나는 회사에서 해고될 예정이었다고 한다. 하지만 로컬 페어

덕분에 내가 디자인한 제품들의 가능성이 입증되었고, 회사에서 나의 위치 또한 어느 정도 자리를 잡을 수 있었다.

지역 박람회를 마친 뒤로 많은 것이 달라졌다. 소비자들에게 받은 피드백에 기초해 몇 가지 인기 상품을 정했고 그것을 더 다양한 컬러와 패턴으로 디자인해 제작했다. 로컬 페어에서 만난 소비자들은 우리 상품을 찍어 인스타그램에 태그해 공유하기 시작했다. 처음으로 우리 브랜드의 '고객'이 생긴 것이다. LA에서 작은 가게를 운영하는 사람들이 페어에 많이 방문한 덕에 몇몇 상점에서도 주문이 들어왔다. 그렇게 지역 상점들에 내가 디자인한 상품들이 하나씩 입점하면서 현지 고객들이 늘어나기 시작했다.

디자이너라고
디자인만 하라는 법은 없지

"앤드류! 난 네가 정말 자랑스러워." 회사의 마케팅을 담당하는 리나가 이제 막 출근한 나를 급히 부르고는 와락 끌어안았다. 당황한 나는 이유를 물었다. 흥분을 가라앉힌 리나는 유명 리테일 브랜드에서 내가 올린 인스타그램 사진을 보고 샘플 제품을 요청하는 이메일을 보내왔다고 설명했다. "내가 올린 인스타그램 사진을 보고 연락이 왔다고?" 우리에게 이메일을 보낸 브랜드는 미국에서 꽤나 유명한 편집숍 브랜드였다. 나도 시장 조사를 위해 이 브랜드의 오프라인 매장을 자주 방문하곤 했다. 문구 상품을 취급하는 것은 알고 있었지만 워낙 대형 업체이다 보니 제안해볼 엄두조차 내지 않은 곳이었다.

1년이 넘는 시간 동안 회사는 마케팅 명목으로 수많은 예비 바이어에게 이메일을 돌렸고, 잡지 한 페이지에 광고를 싣기 위해 수백만 원을 쓰기도 했다. 대형 박람회에 참가할 때는 많으면 수천만 원을 지불했다. 수많은 돈과 시간을 투자해도 이루지 못한 일을 바쁜 마케터를 대신해 디자이너가 인스타그램에 올린 사진이 해낸 것이다. 그리고 그것을 본 지역 고객들이 자신의 인스타그램 계정에 '인증샷'을 올려줘 더 화제가 되었다. 심지어 우리는 인스타그램 광고를 두고 회의한 적도 없었다. 그러니 회사에서도 이번 일이 무척 놀라웠을 것이다.

"도대체 어떻게 한 거야?" 리나가 내게 물었다. 당시 내가 활용한 방법은 간단했다. 인스타그램이라는 거대한 플랫폼 안에서는 수많은 게시물이 '해시태그'로 연결되어 작은 커뮤니티를 이루고 있다. 이 해시태그를 통해 내가 원하는 콘텐츠를 찾을 수도 있고, 내 콘텐츠를 남에게 공유할 수도 있다. 수많은 해시태그 중에서도 내가 '커뮤니티 해시태그'라고 부르는 것이 있다. 이는 해시태그를 사용하는 사람들의 관심사나 목적이 뚜렷한 해시태그를 말한다. 나는 다른 문구 브랜드 계정을 조사하면서 다음과 같은 플래너 관련 커뮤니티 해시태그들을 찾아냈다.

#planneraddict

#plannerlover

#plannercommunity

이곳에는 플래너와 플래너 꾸미기를 좋아하는 사람들이 잔뜩 모여 있었다. 그야말로 우리 회사 브랜드의 잠재 고객들이 만들어놓은 놀이터였다. 내 전략은 이 커뮤니티 해시태그에 모이는 사람들에게 좋은 반응을 얻은 타사의 콘텐츠를 참고해 우리 브랜드만의 방식대로 새로운 콘텐츠를 재생산하는 것이었다. 콘텐츠를 올릴 때마다 좋은 반응이 따라왔고 사람들의 피드백이 뜨거울수록 내가 올린 게시물들은 빠르게 인스타그램 해시태그 페이지에 '인기 게시물'로 올라갔다. 그러면 그 게시물은 더 많은 사람에게 퍼져나갔고, 결국 인스타그램에서 새로운 브랜드를 찾아 헤매던 바이어의 눈에까지 들어가게 되었다. 대형 박람회에서는 브랜드 인지도가 낮아 철저히 외면받았지만, 인스타그램에서만큼은 그런 불리함이 전혀 적용되지 않았다.

인스타그램의 힘은 여기서 멈추지 않았다. 유명 편집숍 오프라인 매장과 온라인 스토어에 입점한 우리 브랜드의 상품을 구매하는 사람들이 빠르게 늘어났다. 그들은 시키지도 않았는데 제품을 촬영해 인스타그램에 자랑하기 시작했고, 이렇게 공유되는 사진이 늘어날수록 우리 브랜드는 문구 시장에서 조금씩 입지를 넓혀갔다. 시간이 흘러 전문 블로거의 후기도 점점 쌓였고 2016년 말에는 "2017년에 주목해야 할 플래너들"이라는 제목으로 버즈피드Buzzfeed의 기사에 우리 상품이 소개되기도 했다. 버즈피드는 유튜브 구독자가 2000만이 넘는 미국의 초대형 미디어였다. 그 기사에 소개된 플래너 23개 중 내가 디자인한 상품이 무려 4개였다. 이를 계기로 바이어들의 주문량이 몇 배로 늘어났고 3명뿐이었던 팀원은 10명으로 늘어났다. 미국에서 인턴으로 시작했던 나는 2년 만에 시니어 디자이너가 되었다. 이제 나는 더 이상 디자인만 하는 디자이너가 아니었다. SNS 마케팅을 할 줄 아는 디자이너로 성장하기 시작한 것이다.

내가 디자인한 제품이
뉴욕 한복판에 진열되다니

시니어 디자이너가 되니 내게도 드디어 박람회 출장 기회가 주어졌다. 당시 우리는 뉴욕에서 열리는 국제문구용품박람회 National Stationery Show에 참가하게 되었는데 이전과는 상황이 완전히 달라졌다. 우리와 미팅을 예약한 바이어들이 생겨난 것이다. 하지만 출장 예산이 빠듯한 건 여전해 팀원들과 나는 값싼 새벽 비행기를 타고 뉴욕에 도착했다. 도착하자마자 이케아에 들러 가구를 피업해 차에 실은 뒤 곧장 박람회 행사장으로 갔다. 새벽 비행기로 눈이 벌게져 있었지만 내일 열리는 박람회를 위해 서둘러 부스를 준비해야 했다. 우리는 먼저 부스 벽에 페인트를 칠하기 시작했다. 하필이면 이날 나는 스웨터를 입고 있었는데, LA에서만 살다 보니 두꺼운 겨울옷이 없어 걱정하는 내게 친구가 빌려준 스웨터였다. 그것도 바이어들에게 잘 보이라며 비싼 브랜드의 스웨터를 빌려줬다. 나는 혹시라도 옷에 페인트가 묻을까 봐 스웨터를 벗어 가방에 고이 접어 넣고선 반팔 티셔츠를 입은 채 덜덜 떨며 페인트칠을 했다. 그래도 점점 완성되어가는 부스를 보니 가슴이 벅차올랐다.

그동안 열심히 디자인한 문구 상품들을 꺼내 잘 보이게 진열한 뒤 현장을 마무리했다. 우리는 가까운 곳에 위치한 첼시마켓Chelsea Market에서 저녁을 먹고 호텔에 들어가 쉬기로 했다. 저녁을 먹고 나와 호텔로 돌아가는 길에 문득 내가 디자인한 문구가 있는 가게에 가보고 싶어졌다. 나는 팀원들을 먼저 보내고 혼자 첼시마켓에 있는 앤트로폴로지Anthropologie 매장에 갔다. 내가 올린 인스타그램을 보고 연락이 왔던 바로 그 브랜드의 편집숍이었다. 설레는 마음으로 내가 만든 상품을 찾아보았지만 아무리 찾아도 보이지 않았다. 점원에게 물어보니 모두 품절된 상태라고 했다. 기뻐해야 할지 슬퍼해야 할지 모른 채 나는 다시 15분 거리에 있는 또 다른 앤트로폴로지 매장으로 걸어갔다. 다행히 그곳에는 내가 디자인한 플래너가 진열되어 있었다. '우와, 진짜 있네!' 나도 모르게 내적 탄성이 터져 나왔다. 내가 디자인한 제품이 뉴욕 맨해튼의 유명 매장에 진열되어 있다는 것이 믿기지 않았다. 당장 옆에 있는 사람을 붙잡고 "이거 제가 디자인한 거예요!"라고 외치고 싶었지만 꾹 참았다.

내가 디자인한 제품이 유명 미디어에 소개되고, 뉴욕 맨해튼의 대형 편집숍에 진열될 줄 누가 상상이나 했을까? 어떻게 내게 이런 일이 벌어졌을까? 그것도 취업할 자신이 없어 도피하듯 미국에 왔다가 3개월 만에 한국으로 쫓겨날 뻔했던 내게 말이다. 역시 당겨보기 전까지는 아무도 모른다. 늦은 밤 호텔로 돌아오는 길, 나는 뉴욕 맨해튼 거리를 걸으며 그동안 내가 겁 없이 도전한 여러 일들을 떠올렸다. 그리고 그로 인해 얻은 이 선물 같은 순간을 원 없이 만끽했다.

나만 빼고
라스베이거스에 놀러 간 팀원들

미국에 온 지 햇수로 3년이 되었다. 두 번째 회사에서 일한 지도 2년이 넘었고 어느새 나는 회사에서 가장 오래 일한 직원이 되어 있었다. 처음에는 혼자서 회사의 모든 디자인 업무를 도맡았지만, 동료 디자이너들이 들어오면서 서로 일을 분담해 여러 프로젝트를 동시에 진행하게 되었다. 디자인 외에 내가 하던 다양한 일들도 전문 인력들로 대체되기 시작했다. 물론 그때까지도 사진 촬영과 인스타그램 계정 관리는 여전히 내 몫이었다.

직원들이 늘어나며 회사의 규모가 커지자 관리자가 필요하다고 느낀 레이먼 사장님은 자신의 친구 캐리를 회사로 데려왔다. 그녀가 매니저로 들어오면서 회사에도 많은 변화가 생겼다. 캐리는 직원들을 위한 복지제도를 하나씩 늘리며 지지를 받았지만 시간이 갈수록 점점 독단적으로 회사의 주요 사항들을 결정하기 시작했다. 그녀는 디자이너와 마케터의 업무를 동시에 수행하는 나를 탐탁지 않아 했고, 내가 디자인 업무에만 집중하길 원했다. 이제 제대로 된 시스템을 갖춰가는 것이었을까? 회사는 한 사람이 여러 사람의 몫을 해야만 했던 '수평적 스타트업 구조'에서 모든 것이 분업화된 '수직적 계층 구조'로 서서히 변하기 시작했다.

그녀는 내가 기획한 레트로 스타일의 새로운 라인업 아이디어를 썩 좋아하지 않았고 시니어 디자이너인 나와 상의도 없이 봄 시즌에 맞춰 꽃무늬 패턴으로 제품을 디자인하길 강요했다. 나와 다른 디자이너들은 브랜드의 성격과 맞지 않는다고 생각해 그녀의 의견에 반기를 들었지만 그녀는 인스타그램에서 찾은 프리랜서 일러스트레이터를 고용해 디자이너인 우리의 의견을 무시하고 자신의 아이디어를 직접 상품화하기에 이르렀다. 디자이너는 디자인만 하라고 말하는 그녀가 오히려 디자이너의 영역을 침범하기 시작한 것이다. 그녀는 조금씩 나의 업무를 줄여나갔고 내가 열심히 관리해온 회사 인스타그램 계정마저 마케팅팀에 위임하라고 지시하며 멋대로 비밀번호도 변경해버렸다. 처음에는 화가 치밀었지만 그렇다고 가만히 당하고만 있을 수는 없었다.

그녀와 타협점을 찾지 못한 나는 브랜드 분리를 선언했고 새로운 인스타그램 계정을 만들어 그동안 준비해온 레트로 스타일을 바탕으로 새로운 브랜드를 론칭했다. 서브 브랜드이다 보니 회사의 지원은 적었지만 그동안의 노하우를 살려 최소한의 리소스로 최대한의 아웃풋을 뽑아내기 위해 노력했다. 다행히도 새로 만든 브랜드는 한 유명 블로거를 통해 "「그랜드 부다페스트 호텔The Grand Budapest Hotel」의 감독 웨스 앤더슨Wes Anderson의 영화에서 튀어나온 것 같은 문구 브랜드"라는 제목으로 소개되었고, 원래 우리 회사의 제품을 취급하던 바이어들의 주문도 이어졌다. 게다가 내가 새롭게 기획한 브랜드의 상품이 미국의 6대 지상파 방송사 중 하나인 NBC의 유명 아침 방송 「투데이 쇼Today Show」에 소개되기까지 했다. 개학 시즌을 맞이해 다양한 학용품을 소개하는 특집 프로그램이었는데, 이때 소개된 상품은 두꺼운 종이로 만든 상자에 솜사탕 향이 나는 연필이 들어 있는 필통 세트였다. 초등학생 시절 유행했던 종이 필통에 영감을 받아 레트로 콘셉트에 맞춰 디자인한 제품이었다. 나는 그동안 밤을 새워가며 일한 보람을 느끼며, 부디 내가 만든 제품이 무사히 생산되기를 기도했다. 여기까지는 모든 것이 완벽했다.

하지만 문제가 발생했다. 사실 이 제품을 기획할 당시 '생소하다'는 이유로 회사의 반대가 심했다. 이 때문에 제작이 늦어지면서 해당 제품의 재고가 중국 공장에서 미국으로 제날짜에 도착하지 못한 것이다. 창고에 있는 재고는 샘플 6개가 전부였다. 다른 제품들도 잇달아 주문이 들어왔지만 내가 기획한 브랜드의 제품들만 재고가 없었다. "재고가 없다!? 회의 때 분명 색상별로 2500개씩 총 2만 개 주문하기로 한 거 아니었어?" 나는 공장과 소통하는 일을 담당하는 잭에게 자초지종을 물어보았다. 그는 이 회사에서 나와 가장 오래 근무한 팀원 중 1명이었다. "그렇긴 한데… 캐리 매니저가 따로 미팅을 잡아서 제작 주문량을 확 줄였어." "그럼 창고에 쌓인 저건 뭐야? 왜 내가 디자인한 상품만 적게 제작한 거야?" "나도 몰라. 나는 그냥 시키는 대로 했을 뿐이야." 잭은 본인도 답답하다는 표정을 지으며 나에게 주문서를 보여주었다.

이미 내가 디자인한 제품이 방송 전파를 탔고 회사 웹사이트의 트래픽 역시 크게 늘어난 상태였다. 하지만 팔 수 있는 제품이 없었다. 주문이 들어와도 재고가 없어 팔지 못하는 안타까운 상황을 바라보고 있자니 분노가 일었다. 나뿐만 아니라 함께 일하는 다른 동료들도 서서히 캐리의 독단적인 운영 방식에 불만을 토로하기 시작했다. 그럼에도 불구하고 그녀에게 보복을 당할까 두려워 선뜻 나서서 이야기하는 사람은 없었다. 들어온 지 얼마 안 된 직원들은 회사 일에 큰 미련이 없었지만 나는 달랐다. 밑바닥부터 직접 몸으로 뛰며 성장시켜온 브랜드가 이런 식으로 망가지는 것을 그냥 두고 볼 수가 없었다. 많은 고민 끝에 나는 캐리에게 일대일 면담을 요청한 뒤 동료들과 나눈 의견을 모아 그대로 전달했다. 그러자 그녀는 내가 사람들을 선동해 회사 분위기를 망치는 것처럼 몰아가기 시작했다. "회사 운영에 대한 이야기를 내가 왜 디자이너한테 들어야 하지? 앤드류는 본인의 업무만 잘하면 돼."

그녀는 매섭게 나의 의견을 묵살해버렸고 그 뒤로 나를 향한 보복은 더욱 심해졌다. 당시 회사는 영업과 마케팅을 담당하는 팀, 디자인을 담당하는 팀으로 나뉘어 있었다. 캐리는 마케팅팀을 이끌었고 나는 디자인팀의 업무를 도맡았다. 패션업계에 오래 종사했던 그녀는 소소하고 캐주얼한 이미지를 구축해온 우리 브랜드를 자꾸만 트렌드에 민감하고 패셔너블한 브랜드처럼 만들려고 했다. 그래서인지 라스베이거스의 한 패션쇼에 스폰서로 참가해 회사의 문구 브랜드를 홍보해보자는 제안을 했다. 소소하게 다이어리 꾸미기를 좋아하는 고객들을 위한 브랜드가 패션쇼 스폰서라니… 돈만 버리고 올 것이 뻔했지만 나와 다른 팀원들에게는 선택권이 없었다. 어차피 그녀의 마음대로 일을 진행할 테니까 말이다.

그렇게 패션쇼 스폰서 제안이 받아들여지며 캐리와 마케팅팀은 라스베이거스에 출장을 가게 됐다. 나는 차라리 잘됐다 싶었다. 마케팅팀과 캐리 매니저가 없는 동안 디자이너 동료들과 열심히 다음 시즌을 준비해야겠다고 다짐했다. "앤드류, 나도 라스베이거스에 가게 됐어." 같은 디자인팀에 있는 에리카가 내 눈치를 보며 이야기했다. "마케팅팀도 아닌데 거길 네가왜 가?" 알고 보니 마케팅팀의 일손이 부족하다는 이유로 캐리가 디자인팀 직원들을 데려가기로 했던 것이다. 결국 나와 새로 입사한 직원 1명을 제외한 모든 직원이 라스베이거스 패션쇼에 가게 됐다. 그날 저녁 동료들의 인스타그램에는 라스베이거스 호텔에서 다 같이 파티를 하며 즐겁게 노는 영상이 올라왔다. 나는 그제야 알게 되었다. 출장을 가장한 워크숍에서 내가 철저히 배제당했다는 것을.

라스베이거스 출장 이후로 나를 대하는 팀원들의 태도도 달라졌다. "앤드류, 회사 일에 너무 힘쓰지 마. 이건 그냥 일이야. 시키는 것만 하고 편하게 일하자." 한때 나와 머리를 맞대고 제품을 개발하기 위해 애쓰던 모습은 온데간데없이 사라졌다. '이게 말로만 듣던 사내 정치일까? 그동안 하나의 목표를 위해 함께 달려왔다고 생각했는데….' 모든 시작을 함께해온 팀원들에게 '열심히 일하지 않아도 된다'는 말을 들었을 땐 배신감마저 느껴졌다.

겸손하면
나만 바보가 되더라

LA 다운타운에 있는 한 갤러리에서 팝업스토어를 연 적이 있었다. 라스베이거스 패션쇼에는 그렇게 가고 싶어 하던 동료들이 이때만큼은 아무도 나서지 않았다. 결국 내가 자처해 주말 동안 팝업스토어를 관리하게 되었다. 팝업스토어가 설치된 갤러리 안쪽 구석에 기타를 만지작거리고 있는 10대 소년이 있었다. 소년의 옆에는 작은 간이 테이블이 놓여 있었고 그 위에는 찰흙으로 만든 어설픈 모양의 오브제(?)들이 진열되어 있었다. 나는 가까이 다가가 그 소년에게 말을 걸었다. 그는 자신을 아티스트라고 소개했고 자신이 만든 이 '예술품'을 돈을 받고 팔

것이라고 말했다. '이런 말도 안 되는 찰흙 덩어리를 만들고서 스스로를 아티스트라고 소개한다고?' 순간 많은 생각이 머릿속에 맴돌았다. 이건 단순한 질투심이 아니었다. 어린 나이임에도 좋아하는 일을 당당하게 표현하고, 본인의 실력이 어떠하든 스스로를 아티스트라고 소개하는 모습이 놀라웠다.

어릴 적부터 어른들에게 들어온 말이 있다. "사람은 겸손해야 한다." 나는 어른들의 말을 잘 듣는 착한 아이였고 어른이 되어서도 언제나 겸손하게 행동하려고 노력했다.

"앤드류는 감각이 뛰어난 디자이너야!"
"아니에요. 아직 많이 부족한걸요."
"앤드류는 일처리가 정말 빨라!"
"아니에요. 팀원들이 많이 도와줬어요."

하지만 미국에서 이런 겸손한 태도는 아무런 도움이 되지 않았다. 사람들은 늘 남에게 양보하고 스스로의 가치를 낮춰 말하는 나를 자신감이 없고 자기 밥그릇을 챙기지 못하는 바보

로 여겼다. 직원 3명으로 시작한 회사가 점점 성장하면서 새로
운 직원들이 들어왔다. 매사 당당하고 적극적인 후배들 사이에
서 나의 겸손한 태도는 더욱 두드러져 보였을 것이다. 이제 막
대학교를 졸업하고 사회에 나온 신입 디자이너였음에도 그들
은 자신의 디자인과 아이디어를 적극적으로 어필하고 주장했
다. '전시회에서 본 아이가 성장하면 이렇게 되겠구나.' 동료나
후배들의 그런 모습을 처음 봤을 때, 한국에서 나고 자란 나는
'경험도, 실력도 없는 신입이 참 뻔뻔하게 말만 잘한다'고 생각
했다. 하지만 이 나라에서는 그런 당찬 자세가 디폴트값이었다.

그동안 내가 보여줬던 겸손한 태도와 말, 행동이 사장님과
동료들에게는 얼마나 자신감이 없고 무능하게 비쳤을지 생각
하니 머리가 아찔할 지경이었다. 이대로 있다가는 정말 내 입
지가 사라질지도 모른다는 위기감마저 느꼈다. 그리고 실제로
그런 일이 일어났다. 내가 입사한 지 1년 만에 겨우 가본 뉴욕
출장을 들어온 지 1개월도 되지 않은 디자이너가 가게 된 것이
다. 그것도 나를 대신해서 말이다. 내게 보조 디자이너를 뽑아
주겠다고 했던 사장님에게 뒤통수를 맞은 것 같았다. 영화 「악

마는 프라다를 입는다The Devil Wears Prada」에서 주인공 앤드리아에게 파리 출장 기회를 뺏긴 선배 에밀리의 기분이 이랬을까? 트레이드쇼에 들어갈 부스 디자인부터 상품까지 거의 모든 것이 내가 디자인한 것들이었지만 시니어 디자이너인 나를 대신해 새로 들어온 신입 디자이너를 라스베이거스로 보낸 사장님에게 큰 실망감을 느꼈다. 하지만 지금 돌이켜보면 그의 결정도 이해가 된다. 영어도 부족한 데다가 외국인 신분이라 언제 한국으로 돌아가게 될지 모르는 나보다는, 미국인 신분이면서 자신감 넘치는 그 친구가 장기적으로 보았을 때 팀장의 자리에 더 어울렸을 것이다. 하지만 그 신입 디자이너는 뉴욕 출장을 계기로 다른 경쟁 업체의 눈에 띄어 더 좋은 근무지로 이직해버렸다. 나의 뒤통수를 쳤던 사장님도 뒤통수를 맞았다.

'안 보이는 곳에서 열심히 일만 하면 바보가 되겠구나…' 그때부터 진실이 보이기 시작했다. 내 직급은 시니어 디자이너였지만 사장님에게 나의 이미지는 여전히 인턴 시절에 머물러 있었던 것이다. 사실 이건 모두 내 탓이다. 나는 언제나 겸손해야 된다는 생각으로 아쉬운 일이 있거나 서운할 때도 그저 아무 말 없이 묵묵히 일만 했다. 내가 좋은 결과를 만들었을 때도 손사래를 치며 동료들에게 공을 돌렸다. 나는 그게 옳은 일이라고 생각했다. 하지만 회사는 달랐다. 이곳은 정글 같은 곳이었다. 모두 웃고 있지만 각자의 자리를 지키기 위해 치열하게 경쟁하는 곳이었다. 그런 곳에서 겸손은 오히려 독이 된다.

"벼는 익을수록 고개를 숙인다"라는 속담이 있다. 맞는 말이다. 벼가 '익어야지' 고개를 숙이는 것이다. 아직 자라지도 않은 사람이 고개를 숙이고 있으면 다른 벼들에게 짓밟힐 뿐이다. 나는 그걸 첫 번째 회사와 두 번째 회사에서 뼈저리게 느꼈다. 내가 나를 내세우지 않으면 아무도 나를 대우해주지 않는다. 성장하고 싶다면 겸손에 대한 집착부터 버려야 한다. 겸손은 진짜 높은 자리에 올랐을 때 빛을 발한다. 어쩌면 우리는 겸손하면 바보가 되는 시대에 살고 있는지도 모른다.

앤드류는

내일부터 나올 필요 없어

캐리 매니저의 입김이 점점 더 강해질수록 회사에 대한 나의 애정은 빠르게 식어갔다. 이제 더 이상 열심히 일하고 싶지 않았다. 동료들의 말대로 그냥 시키는 일만 했고, 의견을 내세우고 싶어도 말을 아꼈다. 회사에는 새로운 직원들이 들어오기 시작했고 그렇게 나의 존재감은 서서히 옅어져갔다. 이런 내 상황과는 상관없이 회사는 계속 성장했다. 회사에 인원이 많아지자 사무실을 더 넓은 곳으로 이전하게 되었는데, 마침 내가 살고 있던 집의 계약 기간이 끝나 새로운 사무실 근처로 미리 이사를 한 상태였다. 영혼 없이 회사를 다니다 보니 일에 성과가 나지 않았고 리프레시가 필요한 시점이었기에, 새로운 사무실에서 일할 날이 기다려졌다.

드디어 사무실 이사가 코앞으로 다가왔다. 이사 하루 전날이라 나는 동료들과 함께 책상을 정리하고 있었다. 정리한 짐들을 내 차에 싣고 나오는데 레이먼 사장님이 조용히 나를 불렀다. "앤드류는 내일부터 회사에 나올 필요 없어." "네? 그게 무슨 소리예요. 회사에 나올 필요가 없다뇨?" 도무지 그 상황이 믿기지 않아 되묻는 나에게 그는 아주 태연한 목소리로 이야기했다. "아쉽지만 더 이상 우리와 함께 가는 건 어려울 것 같아. 이번 달 월급은 똑같이 입금될 거야." "아니, 절 이렇게 갑자기 해고한다고요? 지금 저랑 장난하는 건가요?" 그동안 같이 일한 시간이 무색할 만큼 차가운 말투였다.

그 뒤로 어떤 이야기가 오갔는지는 자세히 기억나지 않는다. 사장실에서 나오니 같이 짐을 싸던 동료들은 이미 퇴근한 뒤였고 사무실은 텅 비어 있었다. 나중에 들은 이야기로는 캐리 매니저가 내가 사장님과 대화하는 사이 직원들에게 빨리 퇴근하라고 재촉을 했다고 한다. 잔인하게도 2년 넘게 함께 일한 동료들과 인사 한마디 나누지 못한 채 외롭게 회사를 나와야 했다. 집에 도착하니 동료들에게서 위로의 문자 메시지가 도착해 있었다. 아무런 생각도 하고 싶지 않았던 나는 그냥 그대로 잠이 들었다.

다음 날 아침, 평소 출근 시간에 맞춰 잠에서 깼다. 하지만 출근할 곳은 없었다. 주변을 둘러보니 방 한구석에는 회사에서 쓰던 개인 물건들이 담긴 상자가 놓여 있었다. 상자를 열어 물건을 정리하는데 거기엔 내가 쓰던 명함도 들어 있었다.

시니어 디자이너 앤드류 최

Senior Designer Andrew Choi

명함에 적힌 시니어 디자이너라는 직함은 내게 큰 자부심이었나. 이름만 대면 누구나 알 정도로 유명한 브랜드는 아니었지만 작은 것부터 하나하나 내 손으로 키워온 자식 같은 브랜드였다. 하지만 더 이상 '시니어 디자이너 앤드류'는 없었다.

'난 그저 열심히 일해서 좋은 결과를 만들면 다인 줄 알았는데…' 비록 고용된 직원이었지만 내 회사처럼 늘 최선을 다해왔기에 배신감은 더욱 컸다. 하지만 회사 일이라는 건 혼자 잘한다고 되는 것이 아니었다. 나는 지금까지 회사 브랜드의 가치를 키우려고 열심히 일해왔지만 정작 나라는 브랜드는 전혀 키워놓지 않았다는 사실을 깨달았다. 회사의 가치가 나의 가치가 되는 것은 아니라는 냉정한 사실을 뼈저리게 깨달은 시간이었다.

나만 모래주머니를 달고
달리는 기분

더 이상 출근할 곳이 없어진 나는 적적한 마음도 달랠 겸 함께 사는 룸메이트 친구들을 불러 술을 마셨다. 지금 이 상황에서 잠시나마 괴로움과 분노를 잊을 수 있는 방법은 이것뿐이었다. 술자리가 끝나고 택시를 불러 집으로 돌아오는 길에 창밖으로 야경이 보였다. 아름답게 반짝이는 LA 다운타운의 빌딩들을 보고 있자니 처음 미국에 도착했을 때가 생각이 났다. '내가 과연 이곳에서 자리를 잡고 성공할 수 있을까?' 공항 셔틀버스 안에서 LA 다운타운을 바라보며 던진 질문은 여전히 유효했다. 그때는 반짝이는 설렘이라도 있었지만 지금은 스스로에 대한 불신과 의구심만 더욱 쌓여 있었다. 나는 미국 학위도, 인맥도, 경력도 없었고 영어 실력도 부족했다. 집을 구할 때, 면허증을 발급받을 때, 은행에서 통장을 개설할 때, 회사와 면접을 볼 때도 나는 남들보다 몇 배 더 많은 서류를 준비해야 했다. 타지에서 살아가는 외국인의 현실은 마치 나 혼자 발목에 모래주머니를 차고 달리는 것 같았다.

이름만 대면 누구나 알 만한 대형 잡지 회사와 면접을 본 적이 있다. 시니어 디자이너, 크리에이티브 디렉터와 거의 1시간가량 좋은 분위기로 면접을 이어나갔다. 크리에이티브 디렉터는 내 포트폴리오를 살펴보며 '디자인만 할 수 있는 다른 그래픽 디자이너와 달리 손 그림도 작업할 수 있는 디자이너'라며 마음에 들어 했다. 하지만 문제는 항상 맨 마지막에 발생했다. '나를 고용하기 위해서는 몇 가지 비자 절차가 필요하다'고 설명하자 그는 나의 이력서를 다시 살펴보며 인사과에 해당 사항을 물어보겠다고 대답했다.

"나는 솔직히 네가 마음에 들어. 그런데 내가 10년 넘게 이 회사를 다니면서 외국인을 고용한 건 단 한 번도 본 적이 없어. 만약 네가 합격한다면 외국인 신분으로 처음 입사하는 사람이 될 거야. 확신할 순 없지만 나도 노력해볼게."

그의 말에 실낱같은 희망을 가져보았지만 끝내 연락은 오지 않았다. 이런 상황이 여러 번 반복되자 나는 부정적인 생각에 파묻혔다. '내가 미국에 태어났더라면….' '내가 더 어렸을 때 유학을 해서 인맥이 넓었더라면….' '내가 한국에서 좀 더 경력을 쌓고 왔었더라면….' 급기야 '나는 어딘가 부족한 사람'이라는 프레임에 스스로를 가두게 되었고, 이역만리 타국에서 갑자기 회사라는 울타리마저 없어지자 나의 이런 약점은 더욱 여실히 드러났다. 하필 집도 전보다 더 넓은 곳으로 이사하는 바람에 매달 나가는 월세도 늘어났고 여기에 월급마저 사라지자 수중의 돈은 점점 떨어져갔다. 우선은 돈부터 벌어야 했다.

내가 설 무대가 없다면
직접 만드는 수밖에

처음으로 세상에 던져본 작은 공,
그리고 실패

돈 버는 방법을 찾던 나는 이전 회사를 다니면서 잠깐 용돈벌이로 했던 사이드 프로젝트를 떠올렸다. LA 로컬 페어에서 플래너를 팔았을 때 만났던 손님 중 1명이 내가 쓴 캘리그래피 가격표를 보고 개인 과외를 부탁한 적이 있었다. 한인타운에 있는 카페에서 그와 그 친구에게 매주 1시간씩 과외를 해주었다. 월급 150만 원을 받던 인턴 시절에 1시간당 20만 원짜리 원데이클래스를 듣고 취미로 시작한 캘리그래피가, 회사 없이 내 재능만으로 처음 만들어본 수익의 원천이 된 것이다. 나는 캘리그래피 과외를 늘리기 위해 인스타그램에 사진을 올려 홍보하기 시작했다.

인스타그램을 사용할 때는 언제나 목적이 구체적이어야
한다. 내가 올리는 콘텐츠가 곧 내가 어떤 사람인지를 말해주
기 때문이다. 캘리그래피로 돈을 벌고 싶었던 나는 'LA에 살며
캘리그래피를 하는 사람'으로 나를 포지셔닝 해야 했다. 이를
위해 캘리그래피 사진과 누가 봐도 LA임을 알 수 있는 사진을
찍어 관련 해시태그와 위치 태그를 달아 인스타그램에 올렸다.
처음에는 큰 반응이 없었지만 시간이 지나자 주변 사람들에게
서 조금씩 반응이 나타나기 시작했다. 내가 인스타그램에 올린
사진을 본 지인 중 1명이 내게 자신의 룸메이트의 브라이덜 샤
워(결혼식 전 파티) 초대장 디자인을 의뢰한 것이다. 그뿐만이 아
니었다. 또 다른 지인은 향초 사업을 하는 친구를 소개시켜주
며 향초 라벨 디자인을 의뢰하기도 했다.

'이게 이렇게 또 돈으로 연결되네?' 디자인 외주뿐만 아니
라 캘리그래피 과외도 반응이 꽤 괜찮았다. 과외를 찾는 사람
들은 보통 자신의 친구들과 함께 수업을 들으려고 했기 때문에

몇 그룹만 신청을 받아도 적지 않은 돈을 벌 수 있었다. 2~3명 수업 기준으로 15달러면 준비물과 커피까지 준비할 수 있었고, 한 사람당 1시간에 70달러를 받으면 꽤 쏠쏠한 수입원이 되었다. 자신감이 붙은 나는 인스타그램에 아예 새로운 계정을 만들고 페이스북 한인 커뮤니티에도 가입해 적극적으로 캘리그래피 과외를 홍보하기 시작했다.

하지만 얼마 지나지 않아 여러 변수가 발생했다. 처음에는 주변 지인들의 소개를 통해 과외를 진행했지만 인스타그램과 페이스북에 홍보가 되면서 DM과 메일로 수많은 문의가 들어오기 시작한 것이다. 정작 과외를 하는 시간보다 온라인 문의에 답해주는 시간이 더 많아지게 되었다. 사람들이 원하는 과외 시간과 장소가 서로 다르다 보니 이동하는 시간과 기름값도 만만치 않았다. 애초에 구체적인 계획 없이 시작한 사이드 프로젝트였기에 이런 어려움이 발생하는 건 당연한 일이었다. 그렇다고 내가 스케줄표를 만들어 사람들을 부를 만큼 유명한 것도 아니었다. 거기에 카드 결제가 가능한지 묻는 메시지를 받는 순간 나는 이 사이드 프로젝트가 현실적으로 더 이상 지속

할 수 없는 일이라는 걸 깨닫게 되었다. 용돈 좀 벌어보고자 가볍게 시작했던 일이었지만 나는 워킹 비자로 타지에 와 있는 외국인이었고, 이는 사실상 이민법 규정에 위반되는 일이었다.

　회사의 노예가 되지 않겠다고 다짐했지만 외국인 신분으로 내가 혼자서 할 수 있는 일은 아무것도 없었다. 그렇다고 이대로 한국에 돌아가고 싶지도 않았다. 나는 결국 다시 취업을 해야만 했다. 역시나 가장 급한 건 내 자존심이 아니라 돈이었다. 내 발로 다시 들어간 회사는 한국인 사장님이 운영하는 패션 이커머스 회사였다. 사실 1년 가까이 다닌 회사지만 이 회사에 대한 기억은 그리 많지 않다. 아마도 이전 회사에서 받은 상처 때문에 일에 대한 열정을 잃은 채 다녔기 때문인 것 같다. 아침 9시부터 저녁 6시까지 정해진 시간 동안 지시받은 업무만 기계처럼 수행하며 마치 공장의 부품처럼 일했다. 게으르게 일하지도 않았고, 그렇다고 더 잘하려고 노력하지도 않았다. 그저 빠르게 이 시간이 흘러가기만을 바랄 뿐이었다.

무기력은
점점 나를 집어삼키고 있었다

믿었던 회사로부터 하루아침에 해고된 일은 시간이 꽤 지났음에도 나에게 큰 상처로 남아 있었다. 누가 시킨 것도 아닌데 주말에 개인 시간을 써가며 시장 조사를 다니고, 팝업스토어를 열 때면 회사 차가 없어 내 차를 이용해 재고를 날랐다. 공책 하나라도 더 팔기 위해 땡볕에서 서툰 영어를 쏟아냈고, 값싼 새벽 비행기를 타고 출장을 갈 때면 한숨도 자지 못한 채 바로 박람회장으로 달려가 페인트칠을 했다. 누구보다 열심히 일했지만 현실은 냉혹했다. 그래 봤자 회사가 바라보는 나는 '언제든 쉽게 대체될 수 있는 존재'였다. 그 후로 나는 더 이상 회사로부터 상처를 받지 않기 위해 완벽한 톱니바퀴가 되기로 했다. 이직한 회사에서 나의 목표는 오로지 상사의 '오케이 사인'이었다. 내가 맡은 업무를 빠르게 처리하면 나의 일은 거기서 끝이 났다. 더 좋은 아이디어를 찾으려고 노력한다거나 더 좋은 디자인을 고민하기 위해 시간을 투자하지 않았다.

우울증이 무서운 이유는 사람을 무기력하게 만든다는 것이다. 회사를 다니며 시작된 극심한 스트레스 탓에 당시 약 1년 전부터 가만히 앉아만 있어도 심장이 뛰는 일이 종종 생겨났다. 심할 때는 매일 같은 시간에 주기적으로 이런 증상이 찾아왔다. 처음에는 심장 문제인 줄 알았는데 나중에 알고 보니 불안장애의 일종이었다. 겉으로는 멀쩡한데 심장이 뛰기 시작하면 기분 나쁜 느낌과 함께 머릿속이 복잡해져 도저히 일에 집중할 수가 없었다. 회사에 있을 때 불안 증세가 나타나면 그나마 다행이었다. 최소한 주변에 누군가 있다는 것만으로 안심이 돼서 뛰던 심장은 이내 잠잠해졌다. 문제는 집에 혼자 있을 때였다. 퇴근 후 집에 돌아와 혼자 있는 시간에 심장이 뛰기 시작하면 온갖 안 좋은 생각들이 머릿속을 헤집어놨고 침대에 누워 있는 것 말고는 아무것도 할 수 없었다. 적막이 흐르는 조용한 방에서 홀로 있는 시간은 너무 괴로웠다. 그나마 할 수 있는 것이라곤 보지도 않는 드라마를 노트북에 틀어둔 채 소음을 만드는 일뿐이었다.

그렇게 한동안은 집에 도착하자마자 노트북을 켠 뒤 드라마를 재생하는 것이 퇴근 후 루틴이 되었다. 드라마 속 사람들이 서로 대화하는 소리를 들으면 그나마 누군가 옆에 있다는 생각에 겨우 잠들 수 있었다. 출근을 하지 않는 주말이 되면 집에 있는 시간은 더욱 길어졌다. 드라마 소음으로 채울 수 없는, 이 적막하고 긴 시간에서 도망치기 위해 매주 친구 집으로 놀러 갔다. 거기에 가면 거실에서 게임을 하거나 텔레비전을 보는 친구들이 있었고, 그들의 말소리에 잠시나마 안정을 찾은 나는 거실 소파에서 잠들곤 했다. '낮잠을 자러 오는 거냐'는 핀잔을 주는 친구도 있었지만 혼자 방 안에 갇혀 지옥 같은 시간을 보내는 것보다는 훨씬 나았다. 그렇게 무기력은 점점 나를 집어삼키고 있었다.

그러던 어느 날 회사의 이사라는 사람이 퇴근하는 나를 붙잡고 물었다. "앤드류는 총각이면서 뭘 그렇게 집에 일찍 가려고 해? 집에 숨겨둔 여자라도 있나?" 이게 웬 망언인가 싶어서 한마디 대꾸를 할까 싶었지만 그냥 웃어넘겼다. "오늘 업무가 모두 끝나서요. 시키실 일 있으시면 알려주세요. 내일 와서 해놓겠습니다." 조용히 대답하곤 회사를 나왔다. 미움받을 게 두렵기도 했지만 그 정도로 열심히 다니고 싶은 회사도 아니었기에 군이 잘 보일 필요도 없다고 생각했다. 이직한 회사는 한국계 회사답게 수직적인 조직 문화를 자랑하고 있었다. 창밖은 미국일지언정 사무실 안은 한국과 똑같았다. 다른 직원들은 퇴근 시간이 지나도 서로 눈치만 보면서 회사에 남아 야근을 했고 나는 그런 모습을 볼수록 오기가 생겨 더 칼같이 퇴근 시간에 맞춰 사무실을 빠져나왔다.

회사에서 퇴근하는 순간 시작되는 일로부터의 해방. 그렇게 일과 분리된 나만의 삶을 즐기며 일과 삶의 밸런스를 맞추는 것이 진정으로 나를 위한 길이라 생각했다. 하지만 시간이 지날수록 이상한 기분이 들었다. 회사에서 보내는 시간이 마치 내 삶을 희생하는 시간처럼 느껴지기 시작한 것이다. 일하는 시간은 무조건 나쁜 것이고 집에서 쉬는 시간만이 좋은 것이라는 강박관념이 나를 사로잡았다. 일과 삶이 서로 대립하며 어떻게든 일하는 시간을 더 줄여야 한다는 압박감이 점점 심해졌고, 그럴수록 회사 업무는 더욱 소홀히 대했다. 하지만 퇴근을 한다고 해서 내 삶이 드라마틱하게 뒤바뀌는 것도 아니었다. 칼같이 퇴근해 집에 도착해봤자 드라마를 보거나 친구들을 만나는 게 전부였다. 시간이 흐르자 그런 것들에도 점점 흥미가 떨어졌다. 워라밸을 지킬수록 역설적으로 나의 우울증은 더욱 심해졌다.

불공평한 세상을
나를 위한 무대로 만들 순 없을까

나는 일이 그리웠다. 누가 시켜서 하는 일이 아니라 내가 열심히 하고 싶어서 하는 일. 하지만 어디서부터 다시 시작해야 할지 도무지 감이 잡히지 않았다. 나는 이 우울감과 무기력의 이유를 찾아야 했다. 그러던 중 습관처럼 손가락을 튕겨 확인하던 인스타그램 피드에서 답을 찾았다. 인생을 살다 보면 세상이 참 불공평하다고 느껴질 때가 많다. 특히 SNS를 보다 보면 그런 생각이 자주 들었다. 인스타그램에 내가 만든 플래너 사진을 올린 다음 광고비를 받는 인플루언서들을 볼 때나, 나에겐 매우 쌀쌀맞던 상사가 그들에게는 유독 굽실거리며 친절하게 대하는 모습을 볼 때면 서글픈 생각이 들었다. 그럴수록 전에 다녔던 문구 회사에 대한 원망과 분노는 더 커져만 갔다.

'나도 사진 잘 찍는데. 나도 인스타그램 잘하는데. 그래서 우리 브랜드도 팔로워가 많아졌잖아. 나도 할 줄 아는데 왜 그들은 나보다 훨씬 더 좋은 대우를 받는 거지? 나랑 그들이 다른 게 뭐야?' 하지만 그들과 나 사이에는 엄청나게 큰 차이가 있었다. 그들에겐 팔로워를 바탕으로 한 실질적인 영향력이 있었고 나에겐 없었다. '잠깐, 그럼 나도 인플루언서가 되어서 영향력을 갖추면 되잖아?' 그들이 부럽다면 나도 인플루언서가 되면 되는 것이었다. 회사 계정도 0명의 팔로워로 시작해 1만 명까지 키웠는데 개인 계정이라고 다를까? 불공평한 세상의 룰을 내게 유리하게 바꾸려면 지금 내가 느끼는 열등감을 동기로 사용해야 했다. '그래, 나도 인플루언서가 되어보자!'

누구에게나 자신만의 특별한 경험이 있다. 나는 회사 SNS 계정을 운영하며 맨땅에서 시작해 의미 있는 성과를 거둔 경험이 있었다. 그런 경험을 통해 내가 배운 '인스타그램의 성장 방법'은 계정의 목적에 맞춰 페르소나를 정해 일관성 있게 콘텐츠를 만드는 것이었다. 내가 처음 개인 인스타그램 계정을 만들었을 때는 '캘리그래피로 돈을 버는 것'이 목적이었기 때문에 'LA에 살며 캘리그래피를 하는 사람'이 페르소나가 되었고 '캘리그래피'가 그에 맞는 콘텐츠였다. 그리고 이번에는 '기업이나 개인으로부터 협찬 광고를 받는 인플루언서가 되는 것'을 새로운 목적으로 삼았다. 페르소나도 '브랜드 상품을 라이프스타일에 잘 녹여 표현하는 LA의 그래픽 디자이너'로 정했다. 그렇다면 이제 콘텐츠도 이러한 목적과 페르소나에 어울리는 방향으로 만들어야 했다.

인스타그램에서의 성장 방법은 정말 다양하지만 팔로워가 0인 상태에서는 커뮤니티와의 소통을 시작으로 성장을 해야 한다. 내가 생산하는 콘텐츠를 좋아해줄 그룹을 머릿속으로 상상해보고 그들이 모여 있는 커뮤니티 해시태그에 들어가 사람들과 소통하다 보면 팔로워들이 하나둘 생기게 된다. 하지만 소통만으로는 어느 순간 한계가 올 수밖에 없다. 그때부터는 콘텐츠의 질에 집중해야 한다. 어떤 콘텐츠를 만들어야 할지 모르겠다면 지금 당장 인스타그램에 들어가 '돋보기 아이콘'을 클릭해보자. 거기에 올라온 다양한 인기 게시물 중에 '나는 어떤 유형의 콘텐츠를 잘 만들 수 있는지' 리서치해보는 것이다.

내가 인스타그램에서 인플루언서로 성장한 방식도 마찬가지였다. 이미 인플루언서로 자리를 잡은 사람들을 벤치마크하는 것. 처음 브랜드 계정을 시작할 때와 마찬가지로 먼저 인스타그램 인플루언서들이 어떤 사진을 올리고 어떤 이야기를 하는지 꼼꼼하게 살펴봤다. 사람들이 왜 그들을 팔로우하는지, 그리고 어떤 점에 공감하고 어떤 방식으로 소통하는지 연구했다. 또한 그들이 광고를 받는 방식도 살펴봤다. 미국의 인플루언서들은 대개 자신의 라이프스타일을 잘 보여주는 퀄리티 높은 사진들로 피드를 구성하며 곳곳에 브랜드 제품을 잘 녹여 홍보해주는 대가로 광고비를 받는 것 같았다. 하지만 나는 아직 돈을 받을 정도로 팔로워가 많지 않았기 때문에 나의 사진을 좋아할 만한 사람들이 모인 커뮤니티를 찾아가 내가 먼저 소통을 시도하며 나의 존재를 알렸다.

그리고 드디어 커뮤니티에서 내 사진이 인기 게시물에 오르자 나는 여러 브랜드에 DM을 보내 멋진 사진을 찍어줄 테니 제품을 협찬해달라고 부탁했다. 처음에는 거절도 많이 당했다. 하지만 시간이 조금 흐르자 반응을 보이는 브랜드들이 생기기 시작했다. 처음에는 아무런 대가도 받지 않고 협찬으로 사진을 찍어줬다. 그러자 해당 브랜드의 계정에 종종 내 사진이 리그램(인스타그램에서 누군가의 게시물을 똑같이 복사해 자신의 게시물로 다시 올리는 것)되기 시작했고, 자연스럽게 내 게시물이 사람들에게 노출되면서 팔로워가 본격적으로 늘어났다. 내 포트폴리오가 쌓일수록 협찬을 해주겠다는 광고주가 더 많이 생겨났고, 계정의 팔로워 수가 늘어날수록 내가 올린 콘텐츠가 인기 게시물에 오를 확률도 점점 높아졌다. 그럼 또 그 사진을 보고 다른 브랜드들이 DM과 이메일을 보내와 협업을 제안하는 선순환이 그려졌다. 그렇게 나는 미국에서 서서히 인플루언서라고 불리는 사람이 되어갔고, 브랜드 이벤트 행사나 프라이빗 클럽 파티에 초대되며 내가 그토록 부러워하던 '사진을 올려주고 광고비를 받는 사람'으로 성장했다.

나를 해고한 회사에
클라이언트가 되어 방문한 날

타지에 나와 밑바닥에서부터 시작한 경험은 내게 많은 것을 배우게 해주었다. 인스타그램을 통해 인지도 없는 브랜드가 성장하는 것을 목격했고, 그것을 개인에게도 적용할 수 있다는 사실을 배웠다. 또한 소셜미디어에 무엇을 올리는지에 따라 내게 어떤 기회들이 찾아오는지를 경험했다. 규모가 작은 회사를 다니며 기업이 사람을 뽑을 때 지원자의 소셜미디어를 확인해본다는 것도 알게 되었다. '팔로워'나 '좋아요' 수에 집착하기보다는 나라는 사람이 누구인지 보여주는 것에 집중하는 것이 더 중요하다는 사실도 알게 되었다. 내가 가진 단점만 바라보며

'나는 해도 안 된다'는 생각에 갇혀 있던 나에게 인스타그램은 '나도 할 수 있다'는 자신감과 '나도 가치 있는 사람이다'라는 자존감, 그리고 '다시 열심히 일하고 싶다'는 열정을 선물해주었다. 자신감이 붙은 나는 결국 영혼 없이 다니던 회사를 내 발로 박차고 나와 나의 가치를 알아주는 회사로 이직했다.

새 회사에 처음 출근한 날, 면접에서 만난 브라이언 팀장님과 점심 식사를 했다. 그는 내가 속해 있는 마케팅팀의 팀장이었다. 브라이언 팀장님은 영화를 전공했지만 아마존에서 시니어 글로벌 마케터로 일한 경력이 있었다. 새 회사는 인테리어 제품을 팔았는데 이 분야는 그에게도 생소한 시장이었다. 그와 이런저런 대화를 주고받으며 자연스럽게 내 대학생 시절과 미국에 오게 된 계기에 대해서 말하게 되었다. 과거 이야기를 하며 마음이 조금 편해진 건지 팀장님에게 조심스럽게 나를 뽑은 이유가 무엇인지 물어보았다. 복잡한 비자 절차를 밟고 추가적으로 비용을 지불해야 하는데도 나를 왜 고용했는지 궁금했기 때문이다.

팀장님의 대답은 놀라웠다. 내가 다른 지원자들보다 말을 더 잘해서 뽑았다는 것이었다. "네? 제가 말을 더 잘했다고요? 저는 그들보다 영어도 못하는데요?" "나는 디자인에 대한 너의 견해를 이야기한 것이지 너의 영어 실력을 평가한 게 아니야. 너의 영어는 네가 맡은 업무를 하는 데 전혀 부족하지 않았어." 팀장님은 내가 스스로 영어 실력이 부족하다고 느끼는 것 자체를 신기하게 여겼다. 뒤통수를 한 대 얻어맞은 기분이었다. 모든 문제는 내가 가진 자격지심에서 비롯되었다는 것을 또 한 번 깨달은 순간이었다.

브라이언 팀장님은 지금까지 내가 만난 상사 중 최고의 상사이자 정말 고마운 사람이다. 내게 잘해주었기 때문이 아니라 인성과 행동, 자신감과 태도 등 모든 면에서 배울 점이 정말 많았기 때문이다. 직장 동료들끼리 수다를 떨다 보면 상사 흉을 보는 일이 다반사인데 그를 뒷담화 하는 사람은 단 1명도 없었다. 다른 팀에서조차 그를 칭찬할 정도였다. 또한 그는 세 아이들과 함께 주말마다 여행을 다니는 가정적인 아버지였고 추수감사절에는 모든 팀원에게 손으로 쓴 편지와 아마존 기프트카드를 선물하는 따뜻한 상사였다. 부하 직원들의 실수에도 감정적으로 대처하는 일이 없었고 잘잘못을 따지기보다는 객관적으로 문제를 해결해나갔다. 나는 그를 통해 이전 회사에서 받은 상처를 많이 회복할 수 있었을 뿐만 아니라, 스스로에 대한 믿음도 갖게 되었다.

새 회사에 입사해 멋진 상사와 함께 일하며 나는 점차 소셜미디어에서뿐만 아니라 오프라인 공간에서도 더 자신감 있게 일하게 되었다. 그럴수록 회사는 나를 더욱 가치 있는 사람으로 대우해줬다. 내 실력이 전보다 월등히 상승한 것도 아니었는데 말이다. 나는 똑같은 사람이었고 기술이나 능력 면에서도 큰 차이가 없었다. 그럼에도 나는 마케팅팀에 소속되어 소셜미디어와 관련한 업무에는 빠지지 않고 참여했고, 회사의 중요한 미팅에서도 언제나 내 의견이 진지하게 반영되었다.

마케팅팀에 합류하여 처음으로 맡은 프로젝트는 인스타그램 이벤트였다. 당시 인테리어 분야에서 큰 영향력을 가진 인플루언서와 협업 이벤트를 진행했는데 이 이벤트가 대박을 터뜨리며 5만 명 정도에 머무르던 회사 인스타그램 팔로워 수가 이벤트 시작 후 2주 만에 2만 명이 늘고 매출은 두 배 넘게 올랐다. 같은 해 연말에는 팔로워 수가 10만 명을 넘겼고 1년 목표 매출을 초과 달성했다. 그뿐만 아니라 때마침 시작된 회사의 전반적인 브랜드 리뉴얼 프로젝트에도 참여하게 되었는데, 그간 사용해오던 회사 로고가 바뀌면서 웹사이트, 브로슈어, 패키징 등 다양한 곳에 들어가는 디자인 리뉴얼 프로젝트를 혼자 맡아 진행하게 되었다. 이때 이전 회사에서 혼자 여러 일을 도맡아 추진하던 경험이 정말 많은 도움이 되었다.

새로 개발한 디자인에 맞춰 회사 브로슈어와 패키징 등 여러 인쇄물을 만들었고, 나는 이 기회를 통해 전에 일하던 회사의 본사인 중국 종이 공장에 인쇄를 맡길 것을 제안했다. 전후 사정을 모르는 브라이언 팀장님에게는 내가 잘 아는 공장이라고 소개하며 흔쾌히 결재를 받을 수 있었다. 회사 이사 전날에 해고 통지를 받아 한 번도 가보지 못한 사무실로 미팅을 하러 간 날, 회사 문 앞에 서자 가슴이 두근거렸다. 나를 쫓아낸 회사에 내가 클라이언트가 되어 돌아온 것이다. 사무실에 도착하니 전에 함께 일했던 동료가 내게 인쇄물 샘플을 전달해주었다. 거기에는 새로운 회사에서 쓸 내 명함도 들어 있었다. 이전보다 훨씬 두껍고 고급스러운 종이에 나를 인정해주는 회사의 로고와 내 이름이 새겨져 있었다. 4년 전, 제로에서부터 시작했던 나의 인스타그램처럼 나의 미국 생활도 제로부터 시작했다. 아니, 어쩌면 시작점이 마이너스였을지도 모르겠다. 하지만 인스타그램을 통해 평소 꿈꾸던 것들을 현실로 만들었듯이, 미국에서의 내 연봉 역시 비록 처음엔 초라했지만 미국에 온 지 4년 만에 세 배 가까이 뛰었다.

남의 일 말고
나의 일

새로운 회사를 다니며 많은 것이 바뀌었다. 그동안 돈 때문에 좁은 방 한 칸을 빌려 살았는데 이제는 넓은 거실이 딸린 큰 집으로 이사를 갔다. 회사에서 20분 거리에 있는, 햇살이 정말 잘 드는 큰 창이 있는 집이었다. 집 앞의 길을 따라 높은 야자수가 길게 심어져 있었고, 밤에도 산책을 할 수 있을 정도로 조용하고 안전한 동네였다. 업무량이 많지 않아 야근도 거의 없었고 트레이드쇼나 페어 때문에 지방으로 출장을 나간 일도 없었다. 저녁 5시에 퇴근하면 운동을 하거나 저녁을 먹으며 재밌는 영화를 보고 하루를 마무리했다. 주말에는 해변이나 공원에서 스케이트보드를 원 없이 타며 시간을 보냈다. 내가 늘 바라던 일상이 현실이 된 것 같았다.

하지만 그 행복은 얼마 가지 못했다. 인간은 적응의 동물이라고 했던가? 평온하고 안정된 일상이 반복되니 점점 지루해졌다. 아니, 단순히 지루함을 넘어 답답함을 느끼기 시작했다. 규모가 큰 회사에서 일하다 보니 나의 의견보다는 다른 사람이 결정하는 사항에 맞추어 큰 책임감 없이 일할 때가 많았다. 브랜딩 리뉴얼 프로젝트가 끝나고부터는 디자인과 관련해 더 이상 큰 프로젝트도 진행되지 않았다. 그래픽 디자이너라고 하면 무언가 창조적인 일을 할 것 같지만, 회사에 소속된 디자이너였던 나는 늘 비슷한 템플릿에 똑같은 폰트로 작업했기 때문에 새로운 도전을 할 일이 거의 없었다. 아침에 일어나 회사가 정한 시간에 맞춰 출근을 하고, 회사가 시키는 일을 하고, 회사에 결과를 보고하면 나의 업무는 끝이 났다.

즐겁기만 했던 인스타그램 계정 운영에도 점점 흥미를 잃어가고 있었다. 인플루언서로 활동한 덕분에 수입이 늘긴 했지만 다른 인플루언서들에 비하면 나는 여전히 영향력이 미미한 존재였다. 그러다 보니 협업을 제안해준 브랜드들이 시키는 대로 일하는 것이 대부분이었고, 언제까지 내가 아닌 다른 사람의 브랜드를 홍보해주는 일을 해야 할지 고민이 되기 시작했다. 예쁜 사진을 찍어 올리는 것만 하기에는 나는 여전히 하고 싶은 것도 많고 전하고 싶은 이야기도 많았다. 내가 그렇게 원하던 것을 드디어 얻게 되었는데 막상 뚜껑을 열어보니 별것 아닌 기분이었다. 나는 이 감정의 원인을 알아내야 했다.

'정말 이게 끝이라고? 앞으로 남은 시간이 수십 년인데⋯ 그 긴 시간 동안 이렇게 살아야 한다고? 나는 하고 싶은 게 아직도 너무 많은데.' 똑같은 일상의 반복에 무료함과 우울감을 느낄 때쯤, 샌프란시스코에 사는 친구의 초대로 혼자 주말 여행을 떠났다. 샌프란시스코는 이미 여러 번 가봤기 때문에 나는 거의 대부분의 시간을 친구 집에 머물렀는데, 그곳에서 우연히 「줄리 & 줄리아Julie & Julia」라는 영화를 보게 되었다. 지루한 직장 생활에 지친 주인공 줄리가 전설적인 프렌치 셰프 줄리아의 요리책에 나온 524개 레시피에 도전한다는 내용이었다.

영화는 자신의 프로젝트를 블로그에 공유하며 인기 블로거로 성장한 줄리의 이야기와 또 다른 주인공 줄리아가 남편을 따라 간 프랑스에서 이방인 신분으로 고군분투하며 최고의 셰프로 성장하는 과정을 교차로 보여줬다. 두 주인공의 상황이 내가 처한 상황과 많이 닮았다고 느껴져 영화를 보는 내내 '그렇다면 나는 무엇을 할 수 있을지' 곰곰이 생각해보았다.

'그래, 바로 이거야! 나에겐 지금 새로운 도전이 필요해!' 나는 또다시 나만의 레버를 당겨야 할 때가 왔음을 직감했다. 누가 시켜서 하는 일이 아니라 내가 처음부터 끝까지 스스로 결정할 수 있는 일을 해보고 싶었다. 그게 줄리아에게는 프랑스 요리였고 줄리에게는 요리 블로그였다. 그럼 나는 무엇을 할 수 있을까? 사실 전부터 하고 싶었던 일이 있었다. 오래전부터 플래너에 적어놓기만 하고 시작조차 하지 못한 일이었다. 한 해를 어떻게 보냈는지 알고 싶어 플래너의 1월부터 하나씩 넘겨 보는데 1월 페이지에 이렇게 적혀 있었다.

1. 유튜브 시작하기

2. 유튜브 콘텐츠 아이디어 찾기

벌써 올해가 거의 다 지나갔는데 이대로 그냥 해를 넘기면 안 될 것만 같았다. '나의 이야기가 누군가에게 좋은 영감이 될 수 있지 않을까?' 여행을 마치고 집에 돌아와 곧장 유튜브 채널을 만들었다.

Draw Andrew
앤드류를 그리다

우선 내가 미국에서 겪은 여러 어려운 상황을 나만의 방법으로 헤쳐나간 경험들을 콘텐츠로 만들기로 했다. 텔레비전에 나오는 사람들처럼 대단한 성공을 거둔 것은 아니지만, 과거의 나처럼 자신감 없고 스스로 만든 울타리 안에 갇힌 사람들에게 조금이라도 도움이 되었으면 좋겠다는 마음이었다. 그렇게 첫 영상 '미국에 인턴으로 왔다가 인플루언서가 된 이야기'가 유튜브에 올라갔다. 지금 보면 너무 지루해서 나조차 10초 이상 못 보는 영상이지만 이 영상 하나를 만들기 위해 2주 넘게 생고 생을 했다. 3번의 재촬영, 3번의 재편집 과정을 거쳐 겨우 영상 하나를 만들었지만 전혀 힘들지 않았다. 오히려 나는 '이걸 계속 해야겠다'는 다짐을 더 굳게 다졌다.

회사에서 다른 인플루언서의 얼굴을 따서 웹배너 이미지를 디자인하는 일보다 내 사진으로 내 채널에 올라갈 섬네일을 디자인하는 일이 훨씬 더 재미있었다. 물론 처음 올린 영상들의 반응은 미미했다. 하지만 내 진심이 통했던 걸까? 일주일에 1~2개씩 영상을 꾸준히 올린 결과, 내 영상에 조금씩 댓글이 달리기 시작했다. 처음으로 구독자가 100명이 되었을 때는 너무 신기한 나머지 감사한 마음을 담은 영상을 올리기도 했다. 영상에 달리는 댓글의 숫자가 늘어날수록 세상이 내게서 무엇을 필요로 하는지 점점 명확해졌다. 결국 인스타그램과 관련된 영상들이 주목받기 시작하면서 '드로우앤드류' 채널은 일주일 만에 구독자가 1만 명을 넘어섰다. 그렇게 나의 이야기가 유튜브를 통해 조금씩 세상에 알려지기 시작했다.

6시 퇴근,
이제 나의 일을 해야 할 시간

유튜브를 시작한 뒤 일상의 많은 것이 바뀌었다. 출근길엔 내 유튜브 채널에 사람들이 남겨준 댓글을 읽었고, 점심 시간엔 새 영상을 기획했다. 퇴근 후엔 집에서 드라마를 보며 저녁을 먹는 대신 영상을 촬영하고 편집했다. 정보성 콘텐츠를 주로 올려서인지 내 채널엔 유독 질문 댓글들이 많이 달렸고 유튜브 구독자가 늘어날수록 이메일과 DM을 통해 질문을 보내는 사람들도 늘어났다. 처음에는 일일이 답장을 했다가 나중에는 시간을 아끼기 위해 '보이스 메시지'로 답장을 해주기도 했다. 그럼에도 불구하고 모든 메시지에 답을 해줄 수 없을 정도로 문

의가 많이 오자 나는 공통된 질문들을 모아 영상으로 만들어
올렸다.

당시 한국에서는 인스타그램을 활용한 다단계 부업이 유
행하고 있었는데, 간혹 여기에 피해를 겪은 사람들이 내게 DM
을 보내 도움을 요청한 적도 있었다. 소위 '가짜 인플루언서'들
은 인스타그램으로 쉽게 쇼핑몰을 시작할 수 있다는 말로 사람
들을 현혹해, 100만 원에 가까운 가입비를 받는 업체로 끌어들
였다. 그들은 인스타그램에 돈다발 사진과 함께 자신들의 수익
을 인증하는 포스팅을 올렸다. 나는 더 이상 속는 사람이 생기
지 않도록 이를 고발하는 영상을 올렸고, 급기야 해당 업체에
서 활동하는 인플루언서라는 사람에게 고소 협박까지 받기도
했다. 그녀는 자신이 팔로워를 구매해 인플루언서 행세를 하는
것을 아주 당당히 이야기하며 자신에게 코칭을 받는 멘티들도
이를 알고 있다고 말했다. 영상에서 업체 이름을 공개하거나
특정인을 직접 언급하지는 않아 문제가 되진 않았지만, 지속적
인 협박과 댓글 테러에 결국 해당 영상을 내리게 되었다.
이 사건을 계기로 내 유튜브 채널 콘텐츠의 주제는 더욱

명확해졌다. 소셜미디어의 힘을 이런 사기 행위에 이용하는 것이 아니라, 진정으로 자신의 가치를 높이는 데 활용하는 방법을 더 많은 사람에게 알려야겠다고 다짐했다. 처음에는 인스타그램과 관련된 콘텐츠를 주로 올렸지만 사람들이 인스타그램에서의 성장을 어려워하는 이유가 스스로의 가치를 브랜딩할 줄 모르기 때문이라는 사실을 알게 된 후로는 '퍼스널 브랜딩'을 주제로 영상을 제작해 업로드했다. 이에 맞춰 '#담백한브랜딩'이라는 해시태그를 만들어 구독자들이 서로의 성장을 응원하며 돕는 커뮤니티를 만들도록 유도했고, 그 결과 해시태그 '#담백한브랜딩'은 29만 개가 넘는 게시물에 태그되며 유저들 사이에 널리 퍼지게 되었다.

나는 이 커뮤니티 해시태그를 통해 공예 작가, 일러스트레이터, 스트리트 댄서, 디제이, 패션모델, 포토그래퍼, 파티시에, 마케터, 영어 교사 등 다양한 분야에서 활동하는 수많은 구독자를 만나게 되었다. 빠른 속도는 아니었지만 내 유튜브 채널 '드로우앤드류'는 소셜미디어를 통해 자신의 꿈을 이루고 싶은 사람들과 커뮤니티를 이루며 조금씩 성장하기 시작했다.

유튜브 채널이 성장할수록 몇 가지 고민이 생기기 시작했다. 한국인을 대상으로 유튜브 영상을 만들다 보니 '한국'에 거주하는 '한국 사람들'이 구독자의 대다수를 차지하게 된 것이다. 자연스럽게 한국에 있는 기업들로부터 강연이나 협업 제안이 들어오기 시작했고, 미국에 살고 있던 나는 대부분의 제안을 포기해야만 했다. 내 인스타그램 역시 원래는 미국, 남미, 동남아 국가에 사는 사람들의 팔로워 비중이 높았지만, 점차 유튜브 채널을 통해 한국 구독자들이 유입되자 미국 브랜드를 홍보하는 인스타그램 게시물에 한국어 댓글이 더 많이 달리기 시작했다. 구독자 규모가 확대되는 것은 분명 감사한 일이었지만, 이는 내 영향력이 점점 분산되고 있다는 뜻이기도 했다. 물론 영어로 만든 영상을 올리는 유튜브 채널 'Drawandrew'도 함께 운영하고 있었지만, 한국어 영상을 올리는 '드로우앤드류' 채널이 훨씬 더 빠르게 성장했다. 결국 나는 한국 사람들을 타깃으로 한 유튜브 채널 운영에 더 집중하기로 결정했다.

그렇게 한동안 나는 낮에는 회사에서 다른 인플루언서들의 사진을 보정하여 웹배너를 만드는 디자이너로, 퇴근 후에는 내 사진으로 유튜브 섬네일을 만드는 유튜버로 이중생활을 유지했다. 하지만 시간이 흐를수록 2개의 서로 다른 정체성 사이에서 이질감을 느끼기 시작했다. 회사 동료들도 내가 유튜브 채널을 운영하는 것을 알고 있었는데, 내게 "앤드류! 이러다가 나중에 너무 유명해져서 한국으로 돌아가는 거 아니야?"라며 농담을 하기도 했다. 팀원들의 농담을 웃어넘기기는 했지만 어쩌면 정말로 한국에 더 많은 기회가 있을지도 모르는 일이었다. 하지만 또 한편으로는 이제야 미국에서 나를 인정해주는 회사에 다니며 안정적인 생활을 시작했는데 다시 한국에 돌아가는 건 너무 위험한 모험이라는 생각도 들었다.

그런데 나의 이런 고민은 더 빠르게 현실로 다가왔다. 회사를 통해 지원한 워킹 비자 심사가 거절된 것이었다. 비교적 탈락자가 많은 1차 심사에 통과된 상태였기에 2차 심사도 쉽게 통과되리라 믿었던 나는 놀라지 않을 수 없었다. 당혹감을 가라앉힐 틈도 없이 나는 미국에 남아 다시 비자를 신청할지, 아니면 한국으로 다시 돌아갈지 빠르게 결정해야 했다. 20대의 절반을 보낸 이곳을 갑자기 떠난다고 생각하니 아쉬움과 두려움이 앞섰다. 하지만 마음속에서는 이미 답이 정해져 있었다. 그리고 이건 나를 가장 가까이서 지켜본 직장 동료들도 이미 알고 있는 답이었다. 나는 한국으로 돌아가야 했다.

계획보다는
기회를 좇기로 했어

20대를 지나며 뼈저리게 경험한 것이 하나 있다. '계획대로 되는 일은 거의 없다는 것.' 나는 필리핀에서 첫 해외 생활을 시작했다. 한국을 떠날 때만 해도 필리핀에서 3개월간 어학연수를 마친 뒤 호주 워킹홀리데이 비자로 시드니에 머물며 영어 공부를 하다 한국에 돌아가는 계획을 세우고 있었다. 하지만 필리핀에서 친해진 어학원 매니저 누나의 권유로 학원에서 사무 보조 아르바이트를 하며 필리핀에 2개월 더 머무르게 되었고, 결국 미리 등록해놨던 호주 시드니의 영어 학원을 취소하고 호주에 입국해 바로 일을 시작했다. 그리고 얼마 지나지 않아 시드니의 반대편에 있는 퍼스Perth라는 도시로 가서 나머지 시간을 보냈다. 호주에서 원래 1년만 머무르다가 한국에 돌아갈 예정이었으나 어머니의 사업 준비를 돕고자 이번엔 말레이시아로 가게 되었고, 결국 2년이 지나서야 나의 길고 긴 어학연수가 끝이 났다. 귀국한 뒤에는 다니던 대학에 복학해 국내 취업을 준비했지만 어느 날 우연히 미국 인턴십 프로그램 포스터를 발견하곤 막바지에 지원서를 제출해 덜컥 합격해버렸다. 말레이시아에서 귀국한 지 1년도 되지 않아 또다시 미국행 비행기에 오르게 된 것이다. 부모님께는 마지막으로 1년만 더 다녀오겠다고 말한 뒤 겨울옷도 챙기지 않은 채 아무런 계획 없이 떠났지만, 결국 5년이 지나고 나서야 한국에 돌아왔다.

나는 선택의 기로에 설 때마다 늘 계획이 아닌 기회를 따라갔다. 결말이 어떻게 될지는 전혀 몰랐다. 필리핀에 더 머무르는 기회, 어학원보다 현지 레스토랑에서 일을 해보는 기회, 퍼스라는 새로운 도시에서 살아보는 기회, 말레이시아에서 다양한 문화를 경험하는 기회, 미국에서 일을 해보는 기회. 내가 어디까지 갈 수 있을지 모른 채 그저 내 앞에 놓인 기회를 좇았다.

미국에서의 삶도 마찬가지였다. 5년을 살면서 다양한 이유로 회사를 4번이나 옮기고, 7번의 이사를 했고, 3대의 차를 폐차했다. 그중에서 내 계획에 있던 건 아무것도 없었다. 당연히 통과될 줄 알았던 미국 비자 심사에서 탈락하게 된 것도 마찬가지였다. '역시 계획대로 되는 건 하나도 없구나.' 미국 생활은 마지막까지도 내게 도전 과제를 던져줬다. 내게는 두 가지 선택지가 있었다. 미국에 남아 비자 연장 재신청을 할 것이냐, 아니면 한국으로 돌아가 다시 시작할 것이냐. 사실 너무 어려운 선택이었다. 그만큼 나는 미국에서의 삶을 좋아했다. 1년 내내 따뜻한 날씨와 깨끗한 자연, 남의 눈치를 보지 않아도 되는 자유로운 문화, 적당히 일하고도 충분히 여유로운 생활을 누릴 수 있는 급여 등 포기하고 싶지 않은 것들이 너무 많았다. '롱비치Long Beach 선상 호텔에서 열린 회사 연말 파티 선물을 아직 열어보지도 못했는데….' 파티에서 브라이언 팀장님에게 함께 일할 수 있어 감사하다고 했던 말들도 생각이 났다. 주변 지인들도 내게 미국에 남으라고 권했다. 가족들조차 나의 결정을 걱정했으니 말이다. 모든 것을 포기하고 귀국하기에는 미국에서 누릴 수 있는 것이 너무 많았다.

하지만 더 이상 회사에 얽매여 일하고 싶지 않았다. 미국에 머문다면 아마 나는 계속 회사를 다녀야만 할 것이고, 그건 더 큰 기회를 좇는 일이 아니라 이미 정해진 계획을 따르는 일에 불과할 것이었다. '지금 내 앞엔 어디에 더 큰 기회가 있을까?' 스물네 살의 나에게는 분명 미국에 더 큰 기회가 있었다. 하지만 5년이 지난 스물아홉 살의 나에게는 미국보다 한국에 훨씬 더 큰 기회가 있을 것 같았다. 결국 나는 한국행을 결정했다. 나는 지금도 중요한 결정을 내릴 때면 계획보다는 기회를 따라간다. 이것이 정답이라고 할 수는 없지만, 돌이켜보면 기회를 좇는 일이 후회는 없었다.

내가 한국에 돌아온 후 중국 우한에서 코로나 바이러스가 유행하기 시작했고 순식간에 전 세계로 퍼져나갔다. 특히 미국에서는 하루에 10만 명이 넘는 확진자가 발생할 정도로 심각한 상황에 이르렀고, 여기에 더해 흑인에 대한 인종 차별 사건이 벌어지면서 곳곳에서 격렬한 항의 시위가 일어났다. 코로나 바이러스의 전파를 막기 위해 강력한 봉쇄 정책이 시행됐고 이는 미국의 심각한 경제 위기로 이어졌다. 1개월 만에 2200만 명이 일자리를 잃었다. 내가 만약 미국에 남는 선택을 했다면 어떻게 되었을까? 외국인 신분이었던 나는 아마 가장 먼저 고용 불안을 걱정했을 테고, 코로나 바이러스와 인종 차별을 반대하는 시위를 피하기 위해 집에 머물며 하루빨리 이 상황이 끝나기만을 기도하고 있었을 것이다. 주변 지인들과 가족들은 당시를 돌아보며 내가 한국으로 돌아온 것이 '신의 한 수'였다고 이야기한다.

물론 미국에 남는 선택을 했더라도 나는 그 안에서 할 수 있는 일을 찾아 최선을 다했을 것이다. 내가 지금 한국에서 하는 일 대부분이 온라인에서 이루어지는 것들이니, 아마 미국에 계속 머물렀어도 충분히 새로운 일을 추진할 수 있었을 것이다. 타임머신을 타고 과거로 돌아가 미국에 남는 것을 선택하지 않는 이상 결과가 어떻게 되었을지는 아무도 모른다. 무엇을 택하든 내가 행복할 수 있는 길을 찾아 끝없이 도전했을 것이다. 결국 중요한 건 "지금 행복하니?"라는 질문에 "행복하다"라고 답할 수 있어야 한다는 것. 한국으로 돌아가기로 결정한 뒤, 나는 회사에 퇴사 의사를 밝히고 곧장 짐을 싸서 사무실을 나왔다. 다행히도 큰 프로젝트가 마무리된 시기였기에 회사에 큰 피해를 주지 않고 일을 매듭지을 수 있었다. 브라이언 팀장님도 내 결정을 응원해줬다. "앤드류, 그동안 고생 많았어. 너는 어디서든 잘할 수 있을 거야." 그렇게 또다시 나는 계획보다는 기회를 좇기로 했다.

정신 차려,
여긴 한국이야!

2019년 11월 바람이 선선했던 겨울날, 5년간의 미국 생활을 마치고 LA 공항에서 한국행 비행기에 올랐다. 비행기가 이륙하자 창가로 LA 시내가 한눈에 보이기 시작했다. 20대의 절반을 보낸 도시가 점점 작아지고 있었다. 익숙한 곳을 떠나는 아쉬움이었을까? 무언가를 다시 시작해야 한다는 막연한 두려움이었을까? 나도 모르게 눈물이 왈칵 쏟아졌다. 한국에서 대학교를 졸업한 뒤, 1년간의 인턴 생활을 위해 가족도, 친구도 없는 이곳에 캐리어 하나 달랑 들고 건너온 스물다섯 살의 앤드류는 어느새 서른 살이 되어 있었다. 그렇게 내 20대는 막을 내리는 것 같았다. 11시간의 비행 끝에 인천국제공항에 도착한 뒤 마중 나온 어머니의 차를 타고 집으로 향했다. 비행기에서 한숨도 자지 못한 나는 짐도 풀지 못한 채 바로 잠들어버렸다.

아침에 눈을 뜨니 작은 방의 낮은 천장이 보였다. 어제까지만 해도 창밖으로 야자수가 보이는 높은 층고의 집에 있었는데…. 미국에서의 삶이 마치 한여름 밤의 꿈처럼 느껴졌다. 그래도 오랜만에 가족들과 둘러앉아 어머니가 해주시는 따뜻한 밥을 먹으니 답답했던 마음이 조금은 풀어지는 듯했다. "한국이야? 오랜만이다. 얼굴이나 보자!" SNS로 귀국 소식을 알렸더니 오랜 친구 세진이에게 연락이 왔다. 세진이는 호주 워킹홀리데이 시절 시드니에서 같이 살던 룸메이트의 소개로 알게 된 친구였다. 호주에서 대학교를 졸업한 세진이는 내가 귀국하기 두 달 전에 이미 한국에 돌아와 있었다고 했다. 나보다 일찍 한국 생활에 적응한 세진이는 핫플레이스를 알려주겠다며 나를 성수동에 있는 한 카페로 데려갔고 우리는 옥상 테라스에 자리를 잡고 앉았다.

오랜 시간 해외에서 생활을 한 공통점이 있던 우리는 호주에서의 기억을 떠올리며 잠시 추억에 잠겼다. 화창한 날씨의 옥상 테라스에 앉아 있으니 마치 그 시절로 돌아간 것 같았다. 하지만 그것도 잠시 '웽!' 하는 굉음이 들려왔다. 고개를 돌리니 카페 옆 카센터에서 터져 나온 소음이었다. 마치 누군가가 "정신 차려, 여긴 한국이야!"라고 내 귀에 소리를 치는 것 같았다. "너는 요즘 뭐 하고 지내? 취업은 했어?" 귀국 후 취업을 준비하던 세진이는 최근 공기업 시험을 준비하고 있다고 했다. "이게 한국 현실이야. 여기서 취업하는 건 진짜 빡세." 취업만이 문제가 아니었다. 회사에 입사한 뒤에도 미래를 계획하기에 한국의 현실이 너무 암울하다며 하소연을 했다. "그래? 그럼 나는 이제 뭐 해서 먹고살지?" 우스갯소리로 이야기했지만 머릿속은 걱정으로 가득 차 있었다.

나도 한국의 현실을 모르는 건 아니었다. 미국에서는 고액 연봉을 받는 그래픽 디자이너였지만, 한국에서 그래픽 디자이너가 어떤 대우를 받는지 너무 잘 알고 있었기 때문에 내가 과연 디자이너로 성공할 수 있을지 두려움이 앞섰다. 같은 대학 디자인과를 졸업한 동기들 중 대다수가 한국에서 디자이너로 일하다가 현실에 지쳐 다른 직종으로 옮겨 갔다. 심지어 "한국에서 디자인을 포기하는 건 지능순이다"라고 이야기하는 친구도 있었다. 불과 몇 달 전만 해도 호기롭게 회사를 그만두고 귀국했지만, 이제는 당장 먹고살 일부터 걱정해야 했다. 미국에서 편하게 회사를 다니던 때가 그리워질 정도였다. 친구들을 만나면 만날수록 한국에서의 현실이 얼마나 각박하고 냉혹한지 알게 됐고, 뉴스를 통해 들려오는 한국의 취업난은 이제 남의 이야기가 아니었다.

미래를 걱정하기보다는 현재의 삶을 중요시하는 미국 문화에 젖어 잠시 잊고 지낸 현실을 눈앞에 마주한 기분이었다. 물론 믿는 구석은 있었다. 그동안 내가 유튜브 채널을 운영하는 것을 눈여겨본 몇몇 회사 대표들에게 연락도 받았고 실제로 면접을 보기도 했다. '인플루언서 매니저'라는 포지션으로 무려 1억 원에 가까운 연봉을 제시한 헤드헌터도 있었고, 나를 마케터 포지션으로 다시 미국에 보내주겠다는 대표도 있었다. 하지만 또다시 회사에 들어가 부품처럼 일하고 싶지는 않았다. 내게는 다른 선택이 필요했다.

엄마,

저 딱 1년만 놀게요

"엄마, 나 1년만 돈 못 벌어도 내가 하고 싶은 거 해봐도 될까?"

그동안 해외에서 살아남기 위해 혼자 발버둥을 치며 고생한 아들이 가여웠는지 어머니는 서른 살 먹도록 모아둔 돈도 없이 부모님 집에 당분간 얹혀살겠다는 아들의 염치없는 부탁에 이렇게 말해주셨다. "너 지금까지 충분히 잘해왔어. 조금 쉬어 가도 돼." 취업을 하지 않기로 결심한 시점에서 내가 지금 당장 할 수 있는 것은 회사를 다니며 만든 유튜브 채널에 영상을 올리는 일뿐이었다. 그렇게 나는 다시 유튜브 영상을 만들기 시작했고 본격적으로 홀로서기를 준비했다. 하지만 자신 있게 독립을 선언한 것도 잠시, 일은 생각만큼 쉽지 않았다. 삼각대도 펼치기 힘든 좁은 방에서 촬영과 편집을 하려니 제약이 많았고, 가족이 있는 집에서는 도무지 일의 능률이 오르지 않았다.

답답한 마음에 밖으로 나와 집 앞 공원을 매일 걸었다. 날씨는 쌀쌀했지만 그렇게라도 해야 불안을 잠재울 수 있었다. 아니, 걱정이 바닥날 때까지 걷고 또 걸어야 집에 돌아올 수 있었다. 참 외로웠다. 한국에 돌아와 가족과 지내며 친구들을 만났지만 내 상황을 온전히 이해해주는 사람은 없었다. 그날도 어김없이 공원에 나와 혼자 걸었는데 문득 나와 같은 길을 걷고 있는 사람을 만나야겠다는 생각이 들었다. 곧바로 집에 돌아와 미국에 있을 때부터 유튜브를 통해 댓글로만 소통하던 한 유튜버에게 이메일을 보냈다. 나이대도 비슷하고 회사를 다니며 유튜브 활동을 병행하던 우리는 첫 만남부터 급속도로 친해졌다.

당시 '온라인 클래스' 플랫폼 회사에 다니던 그는 내게 회사 동료를 소개시켜줬고, 아예 온라인 클래스를 만들어보자는 제안을 했다. 계약은 순조롭게 진행되었고 나는 그동안 유튜브를 통해 나누었던 내용을 토대로 '인스타그램 퍼스널 브랜딩'이라는 온라인 클래스를 론칭했다. 온라인 강의 영상을 제작해본 적은 없었지만 지난 1년간 유튜브 채널을 운영하면서 만든 콘텐츠와 구독자들에게 받은 질문들을 잘 엮어 커리큘럼을 만들었다. 구독자가 많지 않았던 유튜브 채널 운영 초창기 때 인스타그램 DM을 통해 구독자들에게 무료로 코칭해줬던 경험이 큰 도움이 되었다. 잠재 고객들이 품고 있던 궁금증과 문제점이 무엇일지 짐작할 수 있었고, 그에 대한 구체적인 해결책을 강의에 담을 수 있었다. 반응은 예상외로 폭발적이었다. 그동안 유튜브를 통해 내 가치를 믿어준 많은 구독자가 온라인 클래스를 수강해주었고 하루 만에 얼리버드 티켓이 모두 마감되었다.

갑자기 마음이 급해졌다. 당장 온라인 클래스에 올릴 콘텐츠를 제작해야 했다. 하지만 지금 살고 있는 집의 방은 너무 좁아서 촬영조차 쉽지 않았다. 가족들 없이 혼자 온전히 집중해서 일할 수 있는 공간이 필요했다. 나는 그날 바로 부동산에 연락해 조그만 오피스텔을 알아봤다. 당시 내 통장에는 미국에서 모은 1000만 원이 전부였다. 유튜브를 통해 매달 들어오는 평균 수익금은 70만 원 정도였다. 우선 1년간의 생활비로 사용하려고 했던 1000만 원의 절반을 보증금으로 내고 월세 70만 원짜리 오피스텔을 계약했다. 이제 더 이상 물러설 곳이 없었다. 비록 얼마 안 되는 소액이지만 70만 원의 정기적인 유튜브 수익금과 나머지 돈을 아끼고 아껴서 잘 사용하면 1년의 계약 기간은 충분히 버틸 수 있을 것이라고 생각했다. 생활비를 아끼기 위해 집에서 도시락을 싸서 매일 왕복 1시간을 걸어 작업실로 출퇴근을 했다. 평일, 주말 가릴 것 없이 하루도 빠짐없이 오전 11시에 작업실에 출근해 밤 11시까지 콘텐츠를 제작하는 데 열중했다.

그사이 한국에는 코로나 바이러스가 빠르게 확산되기 시작했다. 전례 없는 감염병이 온 세상을 덮치자 사람들은 패닉에 빠졌다. 학교와 회사는 문을 닫았고 온라인 교육과 재택근무를 시작했다. 우리가 살던 오프라인 세상은 멈췄지만 그 밑에서는 모든 것이 서서히 온라인으로 이동하고 있었다. 그 시점에 맞춰 각종 온라인 클래스가 붐을 이루기 시작했다. 때맞춰 나의 '인스타그램 퍼스널 브랜딩' 클래스가 세상에 나왔다. 정확히 한 달이 지나자 내가 매일 작업실에 처박힌 채 만들어 낸 온라인 클래스의 첫 정산금이 통장에 들어왔다. 나는 두 눈을 의심했다. 퇴사하고 처음으로 만든 '패시브 인컴'이 내가 그동안 주 5일 하루 8시간 동안 꼬박 일하며 번 월급보다 훨씬 많았기 때문이다. 내 클래스는 수강생들의 인스타그램과 블로그를 통해 입소문을 탔고, 점점 더 많은 사람이 수강을 신청했다. 이때부터 매달 내 통장에는 가만히 있어도 자동으로 정산금이 찍히기 시작했다.

잔고 1000만 원에서
매달 1000만 원으로

온라인 클래스를 오픈하고 나니 자신감이 생겼다. 이번에는 개인 사업을 해보고 싶었다. 당시 5년째 사업을 하던 한 친구의 권유로 '1인 창업 지원 사업'에 지원해보기로 했다. 퍼스널 브랜딩을 도와주는 웹사이트를 만들어 그와 관련한 상품을 판매하는 사업 아이템이었다. 며칠에 걸쳐 사업 계획서를 만들어 제출했지만 1차 서류 전형에서 보기 좋게 탈락했다. 그런데 문득 이런 생각이 들었다. '굳이 지원금을 받아 사업을 시작할 필요가 있을까?'

나는 일단 사업 계획서를 쓰면서 기획한 내용을 바탕으로 'SNS를 활용해 퍼스널 브랜딩을 하는 방법'을 30쪽짜리 PDF 전자책으로 만들었다. 그리고 『소셜미디어 퍼스널 브랜딩 가이드』라는 이름으로 온라인 재능 거래 플랫폼에 등록했다. 디지털 상품이라 인쇄비가 들지 않았고 재고를 보관할 공간도 필요 없었다. 전자책이 승인되자마자 내 유튜브 채널과 인스타그램 계정에 이 소식을 알렸다. 그러자 곧바로 전자책이 팔리기 시작했다. 유튜브 라이브 방송을 통해 전자책 온라인 북토크도 진행했다. 방송이 끝나니 더 많은 전자책 주문이 들어왔다.

전자책이 잘 팔리자 해당 플랫폼에서 연락이 왔다. 플랫폼 내에 상위 2퍼센트의 전문가만 등록할 수 있는 프리미엄 채널에 컨설팅 서비스를 만들어보자는 제안을 받게 되었고, 나는 입점 두 달 만에 최상위 전문가 레벨이 되었다. 첫 달부터 컨설팅 요청이 쇄도했고 연말에는 플랫폼에서 '슈퍼루키상'을 받기도 했다. 그렇게 '온라인 강의'와 '전자책', '컨설팅 서비스'까지 자동 소득 파이프라인이 순식간에 늘어났다. 플랫폼 두 곳에서 좋은 결과를 만들고 나니 다양한 곳에서 협업 제안이 들어왔다. 기업과 교육 기관에서 강연과 컨설팅 요청도 들어오기 시작했다.

이렇게 하나둘 프로젝트를 완성해나가자 어느새 회사 없이도 돈을 벌 수 있는 방법이 열 가지 정도로 늘어났다. 퇴사한지 불과 반년 만에 만들어낸 놀라운 결과였다. 처음으로 통장에 '1000만 원'이 찍힌 날, 이 돈을 정말 받아도 되는지 의심이 들어 쓰지 않고 그대로 가지고 있었다. 다음 달에는 1500만 원이 들어왔고, 그다음 달에는 2000만 원이 들어왔다. 그해 연말에는 매달 3000만 원이 넘는 돈이 통장에 들어왔다. 한국에 들어올 때 가지고 온 1000만 원 중 오피스텔 보증금을 내고 남은 500만 원이 들어 있던 내 통장에는 1년도 지나지 않아 1억이 넘는 숫자가 찍혀 있었다.

미국에는 '식스 피겨스Six Figures'라는 말이 있다. 연봉이 여섯 자리 숫자, 즉 10만 달러가 넘는다는 뜻으로 우리나라로 치면 억대 연봉을 말한다. 실제로 미국에선 억대 연봉자들을 심심찮게 볼 수 있다. 미국에서 생활할 때 나는 내 연봉이 만족스러워지만 한편으로는 억대 연봉을 받는 친구들이 늘 부러웠다. 그러던 어느 날 평소처럼 유튜브를 보고 있는데 '월 1000만 원'이라는 키워드가 눈에 들어왔다. 한국에서 혼자 일하며 한 달에 1000만 원을 버는 사람이 있다니! 내게는 큰 충격이었다. '도대체 어떤 일을 하는 사람들이지? 그들은 어떻게 생긴 사람들일까? 아마 나와는 거리가 먼 사람들이겠지….' 회사에서 받는 월급 말고는 다른 돈 버는 방법은 상상도 하지 못했던 내게 그들의 이야기는 완전히 미지의 세계였다. 그런데 약 1년의 시간이 지나자 내가 바로 그 미지의 세계에 속한 사람이 되어 있었다.

'대체 나한테 무슨 일이 벌어진 거지?' 억대 연봉을 주는 대기업에 취직을 한 것도 아니었다. 높은 연봉을 받는 기술을 배운 것도 아니었다. 단지 콘텐츠를 소비하는 사람에서 콘텐츠를 제공하는 사람이 된 것뿐이었다. 무형의 콘텐츠는 재고가 쌓일 걱정이나 귀찮은 배송 과정도 없었다. 심지어 자는 동안에도 일을 하며 내게 돈을 벌어다주었고, 그렇게 구축된 여러 개의 수익 파이프라인은 시간을 태워 돈을 버는 굴레에서 나를 해방시켰다. 이런 내 이야기는 SNS를 통해 빠르게 퍼져나갔고 여기저기에서 인터뷰와 강연 요청이 들어와 그 어느 때보다 바쁜 한 해를 보내게 되었다. 그리고 지금은 마음이 맞는 팀원들과 함께 '드로우앤드류' 채널을 운영해나가고 있으며, 새로운 유튜브 채널 '마세숲'을 열어 4개월 만에 구독자 10만 명을 달성하는 등 더 다양한 분야에서 내가 좋아하는 일로 사업을 확장하고 있다.

부자는 아니지만
좋아하는 일로 돈은 잘 법니다

자본주의 사회에서 돈을 버는 방법은 크게 세 가지로 나뉜다. 일한 만큼 받는 노동 소득, 매입과 매출을 통해 버는 사업 소득, 돈이 돈을 부르는 자본 소득이 그것들이다. 월급이라는 노동 소득에만 의지하며 살던 내가 회사로부터 독립해 여러 사업 소득을 만들어보니 세상에는 돈 버는 수단이 정말 다양하다는 사실을 알게 되었다. 하지만 내가 이 책을 통해 전하고자 하는 메시지는 단순히 '돈 버는 방법'이 아니라, 내가 좋아하는 일로 어떻게 행복하게 일할지를 고민해보자는 것이다. 남들이 시키는 일이 아니라 내가 하고 싶은 일을 하는 것. 나는 이것이 돈 버는 방법이 너무나 다양해진 이 시대를 가장 행복하게 살아가는 방식이라고 확신한다. 그리고 소셜미디어를 활용하면 그 꿈을 보다 빠르게 실현시킬 수 있다.

2021년 1월, 한 해를 시작하며 유튜브에 올린 영상이 하나 있다.

'6개월 만에 1억을 벌고 배운 것들'

이 영상은 빠른 속도로 입소문을 타며 조회 수 100만을 달성했고, 당시 내 채널에서 가장 높은 조회 수를 기록한 영상이 되었다. 수많은 '좋아요'와 긍정적인 댓글이 달렸지만, 부정적인 댓글도 적지 않았다.

"운이 좋았을 뿐이지! 부자가 되고 싶어 하는 사람들의 욕망을 이용해 희망을 파는 비즈니스 모델이 과연 지속 가능할까?"

분명히 말하건대 나는 부자도 아니고 부자가 되는 방법을 알려준다고 한 적도 없다. 그저 좋아하는 일로 행복하게 돈을 벌 수 있는 방법을 나의 경험을 통해 알려주었을 뿐이다. 그리고 지속 가능성이 없다고 지적했지만, 나는 그 후로 1년 만에 세 배 가까운 소득을 벌게 되었다. 게다가 수익금의 많은 부분은 상대적으로 수익 전환율이 낮다고 알려진 브이로그 콘텐츠를 주로 올리는 '마세슾' 채널에서 나왔다. 돈과는 전혀 관계없어 보이는, 온전히 내가 좋아서 만든 채널을 통해서 말이다. 나는 이 채널이 성장하는 과정과 방법을 '드로우 마이 브랜드'라는 시리즈 콘텐츠를 통해 모두 공개하기도 했다.

내가 운영하는 두 채널 '드로우앤드류'와 '마세슾' 모두 돈을 버는 방식은 똑같다. 첫째, 내 가치를 담은 콘텐츠를 공유해 나를 필요로 하는 사람을 모은다. 둘째, 그렇게 모인 사람들이 무엇을 더 필요로 하는지 파악하고 그것을 서비스나 상품으로 제공한다. 나는 '드로우앤드류'를 통해 배운 방식을 '마세슾'에 그대로 적용했다. 내가 회사에서 배운 것을 그대로 내 삶에 적용한 것처럼 말이다.

집을 꾸미거나 소품 만드는 것을 좋아하고 잘했던 나는 브이로그 형식의 콘텐츠를 만들어 '마세슾'이라는 유튜브 채널로 사람들에게 공유했다. 그러자 영상을 시청한 사람들이 이런 댓글을 남겨줬다.

- 카메라는 어떤 걸 사용하시나요?
- 영상 편집은 어떤 프로그램을 사용하시나요?
- 음악은 어떻게 선곡하시죠?
- 저도 '마세슾' 브이로그 같은 영상을 만들고 싶어요!

나는 이 댓글들을 보고 이번에는 사람들이 '내가 어떻게 브이로그를 만드는지' 알고 싶어 한다는 수요를 포착했다. 나는 이를 바탕으로 '일상을 감성적으로 기록하는 법'이라는 이름의 온라인 클래스를 기획했다. 이 클래스는 오픈한 지 몇 분 만에 얼리버드 티켓이 매진되었고, 오픈 한 달 만에 매출 1억 원을 기록했다. 이 모든 과정이 '마세슾'이라는 유튜브 채널을 열고 불과 6개월 안에 벌어진 일들이다.

혹여나 내 유튜브 채널이 망한다고 하더라도, 아니 유튜브라는 플랫폼 자체가 망하는 날이 온다고 하더라도 나는 똑같은 방식으로 돈을 벌 자신이 있다. 그런 날이 오더라도 내 안에는 돈으로 만들어낼 수 있는 열정이 여전히 많이 남아 있을 테니 말이다. 돈을 가장 잘 벌어다 주는 콘텐츠는 무엇일까? 그것은 내가 가장 열정적으로 만들 수 있는 콘텐츠다.

나는 아직 부자가 되어본 적은 없기에 부자가 되는 방법은 알지 못한다. 하지만 내가 좋아하는 일로 행복하게 돈을 버는 방법은 잘 알고 있다. '좋아하는 일을 하면 돈은 자연스럽게 따라온다'는 뻔한 말은 하고 싶지 않지만 그게 진짜 내가 경험한 전부다. 운이라고만 하기엔 이 성공 방정식을 통해 이미 많은 사람이 행복하게 돈을 벌고 있다. 일이라는 건 결국 내 소중한 시간과 에너지를 쓰는 것인데 내가 하고 싶은 일에서 레버를 당겨봐야 하지 않을까? 나는 아직 부자는 아니지만, 내 꿈을 남에게 기대지 않고 스스로 이룰 수 있을 만큼의 돈은 충분히 잘 벌고 있다.

나는 내일도
내 일을 한다

다른 사람의 일이 아닌

나의 일을 시작하자 벌어진 일

유튜브 채널 '드로우앤드류'를 시작하던 시절 나는 영상 하나를 만드는 데 굉장히 많은 시간을 쏟고 있었다. 첫 영상을 만들었을 때는 촬영한 영상이 마음에 들지 않아 수없이 재촬영을 반복했고, 영상 편집 툴이 익숙하지 않았기에 일주일을 꼬박 투자해야 겨우 영상 하나를 만들 수 있었다. 시간이 흘러 영상 촬영과 편집이 손에 익자 하나의 영상을 만드는 데 3일 정도로 시간을 단축할 수 있었지만 회사 일과 디자인 외주 작업을 병행해야 했던 나는 금세 체력의 한계를 느끼기 시작했다.

게다가 유튜브는 시작하자마자 돈이 들어오는 구조가 아니었다. 당장 눈앞에 보이는 돈이 아쉬워 이런 생각이 들기도 했다. '이 시간에 외주 작업이라도 했으면 돈이라도 벌었을 텐데….' 그럼에도 유튜브 영상 만드는 일을 멈출 수 없었던 이유는 외주 작업은 다른 사람의 일을 해주는 것이고 유튜브는 내 일을 하는 것이기 때문이었다. 당장 돈이 되지는 않지만 지금 시작하지 않으면 어쩌면 평생 다른 사람의 일만 해주며 살아가야 할지도 몰랐다. 돈 생각에 아쉬운 마음이 들 때마다 나는 지금 내가 투자하고 있는 시간과 노력이 언젠가 내게 더 큰 돈과 행복을 가져다줄 것이라고 굳게 믿었다. 누군가의 지시를 받거나 타인에 의해 결정되는 일이 아니라 내가 주도적으로 일한다는 것만으로도 나는 이 새로운 도전에 더 몰입할 수 있었다.

한국에 돌아와 미국에서 모은 1000만 원의 절반을 보증금으로 내고 오피스텔을 계약했을 때도 마찬가지였다. 당시 월세를 겨우 낼 정도의 수입밖에 벌지 못했지만 나는 그 어느 때보다 즐겁게 일했다. 나만의 일을 시작한다면서 어머니에게 "저 딱 1년만 놀게요"라고 자신 있게 말할 수 있었던 이유도 혼자서 모든 일을 한다는 것이 내게는 마치 소꿉놀이를 하는 것처럼 너무나 즐거웠기 때문이다. 혼자서 영상을 기획하고 촬영하고 편집을 할 때 나는 작가이자 출연자이자 PD였다. 스케줄을 관리하고 섬네일을 디자인하고 영상을 올릴 때는 프로젝트 매니저이자 디자이너이자 마케터였다. 물론 회사라는 조직 안에서 잘 짜인 시스템에 맞춰 일을 할 때만큼의 안정감은 없었지만, 모든 것을 혼자 결정하며 일을 하다 보니 마치 내가 작은 기업이 된 기분이었다.

훗날 '드로우앤드류' 채널이 성장해 혼자서도 적지 않은 돈을 벌게 된 뒤에도 나는 내가 하고 싶은 일에 투자하는 일을 멈추지 않았다. 당시 살고 있던 오피스텔을 더 큰 공간으로 옮기며 인테리어에 관한 새 브랜드 오픈을 준비했고, '마세슾'이라는 새로운 채널을 본격적으로 기획하기 시작했다. 이미 하고 있는 일들이 있어서 새 채널을 준비하는 데 쓸 시간이 부족해 함께 일을 도와줄 팀원도 모집했다. 그리고 개인 시간을 더 많이 확보하기 위해 일대일 코칭 프로그램과 기업 강연 활동을 과감하게 포기했다. 내 수입 중 꽤 많은 부분을 차지하는 중요한 일들이었지만, 그만큼 시간을 많이 써야 하는 일들이었기에 나는 내 가치를 높여줄 더 멋진 일에 시간을 쏟기로 했다. 단기적인 시각에서는 수입은 줄고 지출은 더 많아지는 상황이었지만, 이렇게 하는 것이 내가 하고 싶은 일에 더욱 집중해 장기적으로는 나의 가치를 높이는 투자라고 확신했다.

내가 당긴 '마세슾'이라는 레버는 다행히 아주 커다란 '럭키 드로우'가 되어 돌아왔다. '마세슾' 채널은 시작한 지 한 달 만에 수익이 발생했고, 3개월 차에는 1000만 원의 수익을 만들었으며, 4개월 차에는 10만 명의 구독자를 달성해 내게 두 번째 실버버튼을 선물했다. 6개월 차에는 후지필름과 협업해 성수동에 팝업스토어를 열어 내 생애 첫 굿즈를 판매하기에 이르렀다. 나중에는 나의 부캐 '마세슾'으로 벌어들이는 수익이 본캐인 '드로우앤드류'를 뛰어넘기도 했다. 결과적으로 내 일에 더 많은 투자를 할수록 그만큼 수익도 높아졌을 뿐만 아니라, 내가 자유롭게 활용할 수 있는 시간과 에너지도 더 많이 확보할 수 있게 되었다. 나는 그렇게 점점 더 내가 좋아하고 잘하는 일에 집중해나갔다.

지금 나와 함께 일하는 팀원은 총 3명이다. 저마다 다른 계기로 팀에 합류했지만 내가 팀원들에게 늘 강조하는 것이 있다. 자신의 일을 하고 싶어 해야 한다는 것. "좋아하는 일로 행복하게 일하자"라는 메시지를 전하는 사람으로서 나는 팀원들을 월급의 노예로 만들 수는 없었다. 그래서 조금 섭섭하게 들릴 수 있지만 나는 우리 모두가 언젠가는 '자신의 일을 찾아 떠날 수 있는 사람'이 되어야 한다고 이야기한다. 따라서 나와 일하는 모든 팀원은 프리랜서다. 우리는 일주일에 하루 정도 모여 일을 하고 나머지는 각자의 공간에서 일한다. 업무 시간이 정해져 있지 않기 때문에 주 단위로 각자 맡은 업무를 끝내고 나면 나머지 시간은 자신만의 일을 하는 데 투자하고 있다.

'나는 누구의 행복을 위해 살아가고 있을까?' 수익이 나지 않아 내가 하고 있는 일에 대해 불안을 느끼던 독립 초창기에 나 스스로에게 물었던 질문이다. 나는 그동안 돈 때문에 억지로 회사를 다니는 사람들을 많이 봐왔다. 오직 남들 앞에서 체면을 유지하기 위해, 부모님에게 자랑스러운 자녀가 되기 위해 그토록 혐오하는 직업을 억지로 붙들고 있는 사람도 있었다. 힘들게 번 돈을 별로 좋아하지도 않는 사람들에게 잘 보이는 데 쏟아붓는 사람도 있었다. 그들은 마치 다른 사람의 기대에 부응하기 위해 사는 것처럼 보였다. 어린 시절에는 부모님과 선생님, 사회에 나와서는 회사와 주변 지인들의 시선에 갇힌 채 말이다. 시험 점수, 회사의 이름값, 업무 실적이나 연봉에 목숨을 걸며 타인을 만족시키기 위해 살아가는 것 같았다. 물론 나도 그런 사람 중 하나였다.

우리는 어쩌면 이런 타인들의 시선 때문에 새로운 도전 앞에서 머뭇거리는 것은 아닐까?

'친구들에게 유튜브 시작한다고 했는데 제대로 못 하면 어떡하지?'
'인스타그램에 올린 게시물에 '좋아요'가 100개도 안 되면 남들이 비웃을 텐데?'

솔직해지자. 다른 사람이 하는 일에 이 정도로 관심을 갖는 사람은 생각보다 별로 없다. 만약 그런 관심을 받을 정도로 주변에 친구가 많은 사람이라면 이런 걱정을 할 필요도 없을 것이다. 혹시라도 누군가 당신이 하는 일을 비웃거나 조롱한다면 그 사람을 불쌍히 여기자. 도전할 용기도, 재주도 없이 그저 남을 깎아내리는 사람일 테니 말이다. 그리고 그런 비난은 결국 자기 자신에게 돌아가 스스로를 더욱 옥죄게 된다. 주변의 시선 따위는 신경 쓰지 말고 얼마든지 행복을 찾는 도전을 멈추지 말아야 한다. 그게 가족이나 친척, 친구일지라도 말이다.

당신을 이해하는 사람은 오직 당신뿐이다. 진부한 이야기지만 행복은 그리 멀리 있지 않다. 남에게 잘 보이려는 일이 아닌 오직 내가 하고 싶은 일을 하며 사는 것. 그리고 우리는 그것을 너무나도 쉽게 할 수 있는 시대에 살고 있다. 그러니 지금 당장 나의 일을 하자. 그렇게 나의 삶에서 주인공이 되어보자.

자기 인생에서
주인공으로 산다는 것

주인공으로 살라는 것이 사람들의 주목을 받는 인플루언서나 유명한 사람이 되라는 뜻은 아니다. 자신의 삶에서 스스로 얼마나 많은 통제권을 쥐며 사는지가 더 중요하다. 하지만 이게 말처럼 쉽지만은 않다. 꿈꾸는 이상은 저 멀리 있는데 현실은 더없이 초라하다면, '인생을 주인공으로 살자'는 말이 아마 비현실적으로 느껴질 것이다.

회사에서 하루아침에 해고를 당하고 무기력에 빠져 아무것도 할 수 없었을 때 나는 세상 그 누구보다 보잘것없는 사람이 된 것 같았다. 어렵게 다시 취업해 새 회사에 출근한 뒤에도 상사의 비위를 맞추며 남이 시키는 일을 하는 내 모습이 견딜 수 없을 정도로 비참했다. 이런 상황에서 대체 어떻게 인생의 주인공으로 살 수 있겠는가? 나는 지긋지긋한 현실에서 도망치기 위해 가장 쉽고 빠르게 할 수 있는 일이 무엇인지 고민했다. 그것은 나의 '새로운 자아'를 만드는 것이었다. 그리고 그 자아에 '드로우앤드류'라는 이름을 붙여주었다. "앤드류(나)를 그리다." 내가 꿈꾸는 삶을 새롭게 그려나가겠다는 뜻이었다.

그다음으로 한 일은 내 새로운 자아를 위해 '새로운 공간'을 만드는 것이었다. 이케아 매장에서 50달러를 주고 하얀 책상을 하나 사왔다. 가로 120센티미터, 세로 60센티미터짜리 작은 책상에 불과했지만 그곳은 드로우앤드류만의 공간이었다. 그 공간에서만큼은 내가 주인공이었고 모든 것을 내 마음대로 할 수 있었다. 그때부터 무기력했던 삶에 설렘이 깃들기 시작했다. 그리고 그 책상에서 나는 회사의 일이나 외주를 받은 일이 아닌 오직 나를 위해서 하는 일, 즉 드로우앤드류의 일을 시작했다. 그렇게 시작한 첫 번째 프로젝트가 캘리그래피 과외였다. 비록 실패로 끝난 프로젝트였지만 나만의 일에 온전히 몰입하는 시간을 만들며 잠시나마 내가 주인공인 삶을 경험할 수 있었다. 물론 새로운 이름이 생기고 새로운 책상이 생겼다고 해서 초라한 현실이 한순간에 180도 달라진 건 아니었다. 하지만 그 책상에 앉아 있는 시간만큼은 내가 주인공으로 살고 있다는 감각을 느낄 수 있었다. 그때부터 나는 퇴근을 한 뒤 집에 돌아오면 매일 그 책상에 앉아 나의 일을 시작했다. 결국 나를 인플루언서로 만들어준 인스타그램도, 나를 회사에서 완전히 독립시켜준 유튜브도 모두 그 책상에서 시작되었다.

그때부터 내게는 많은 변화가 생겼다. 먼저 다른 사람의 일에 큰 관심을 갖지 않게 되었다. 예전에는 시간이 날 때마다 SNS를 들락날락거리며 다른 사람들은 어떻게 살고 있는지 들여다보고 내 일상과 비교하며 시간을 보냈다. 하지만 이제는 내 일에 집중하기에도 시간이 부족해 질투나 열등감을 느낄 여유조차 없어졌다. 게다가 콘텐츠를 소비하는 사람에서 콘텐츠를 제공하는 사람으로 변하면서 그들이 얼마나 대단하고 힘든 일을 해왔는지 자연스레 존경하는 마음마저 생겼다. 나는 그들을 보며 앞서가는 사람들에게서 무엇을 배울 수 있을지 계속 고민하고 있다.

지금 나는 하루의 모든 시간을 남의 일이 아니라 내 일에 투자하고 있다. 자연스레 남에게 잘 보이려고 애쓰는 시간은 현저히 줄어들었다. 자기 인생의 주인공으로 사는 방법은 그렇게 어려운 것이 아니다. 하루의 시간과 에너지에 얼마나 많은 통제권을 가질지 스스로 선택하기에 달려 있을 뿐이다.

워라밸을 지키면서 성공을 바라는 건
욕심일지 모른다

밀레니얼 세대의 특징으로 꼽는 것 중 하나가 '일과 삶의 밸런스', 즉 '워라밸을 중요하게 여긴다'는 것이다. 밀레니얼 세대인 나도 한때는 '워라밸'을 외치던 시절이 있었다. 미국 회사에서 일하던 시절에는 야근을 하지 않는 내게 회사와 상사가 눈치를 줄 때마다 나는 오히려 더 워라밸을 지키려고 업무 종료 시각에 맞춰 정시에 퇴근했다. 다른 직원들은 눈치를 보며 회사에 남아 있었지만, 나는 퇴근 시각에 맞춰 미리 가방을 싸놓고선 보란 듯이 사무실을 박차고 나왔다. 퇴근이야말로 일에서 내 삶이 해방되는 순간이고, 그때부터 진짜 나의 삶이 시작된다고 믿었기 때문이다. 하지만 이상하게도 워라밸을 지키면 지킬수록 일과 삶이 균형을 이루기보다는 서로 대립하기 시작했고, 궁극적으로는 일의 효율마저 떨어졌다. 일은 나의 행복을 갉아먹는 '나쁜 것'이고, 그에 반해 삶은 내가 조금이라도 더 챙겨야 할 '좋은 것'이라고 맹신했다. 결국 일에도 집중하지 못하고 삶에도 집중하지 못하는 나날이 지속되었고 나는 그저 남들보다 빨리 퇴근하는 데에만 열을 올리며 하루하루를 보내고 있었다.

그러나 곰곰이 생각해보면 나는 원래 일을 좋아하는 사람이었다. 어린 시절에 꿈을 이야기할 때면 나는 비싼 자동차를 타거나 큰 집에서 사는 모습을 상상하기보다 멋진 공간에서 멋진 사람들과 함께 일하는 모습을 떠올렸다. 그만큼 일은 내 삶에서 굉장히 중요한 부분이었고, 내 삶의 의미를 찾아주는 활동이었다. 그랬던 내가 일과 삶을 분리시켜 억지로 균형을 맞추려고 했던 것이다. 그러다 보니 일도 열심히 하지 않으면서 그렇다고 삶에 만족하는 것도 아닌, 아주 애매한 상태에 놓이게 되었다. 그때부터 나는 회사 안에서의 삶이 있고 회사 밖에서의 삶이 있듯이, 회사 안에서의 일이 있고 회사 밖에서의 일이 있다는 것을 받아들이게 되었다. 가장 중요한 건 내가 그 일을 좋아하는지의 여부이지, 일 자체를 나쁜 것이라고 생각해서는 안 되는 것이었다. 난 게으른 게 아니었다. 그저 그 일을 그렇게 열심히 하고 싶지 않았을 뿐이다.

이 단순한 사실을 깨닫자 나는 더 이상 기존의 회사를 더 다닐 수가 없었다. 이직한 회사는 야근이 전혀 없었지만 오히려 나는 퇴근 시각에 집착하지 않고 더 주도적으로 내 일을 찾아나섰다. 더 성장하고 싶었기 때문에 집에 돌아가서도 내가 맡은 업무와 관련한 공부를 하거나 리서치를 했다. 그러자 놀랍게도, 넷플릭스를 보거나 게임을 하며 억지로 워라밸을 지키겠다고 애썼을 때보다 훨씬 더 삶이 즐거워졌다. 그리고 결국 워라밸에 집착하지 않고 내가 하고 싶은 일에 몰두했던 당시의 시간이 쌓이고 쌓여 이제는 나를 월급의 노예로 살던 삶에서 완전히 해방시켜줬다.

미국에서 1년 동안 열심히 일해야 벌 수 있는 돈을 이제는 한 달 만에 벌고 있다. 자면서도 돈이 들어오는 복수의 구조를 만들어놓으니 더 이상 내 소중한 시간을 태워 돈을 벌지 않아도 된다. 통장 잔고의 앞자리 숫자가 바뀌었고 '0'이 하나 더 늘었다. 아침에 억지로 일어나지 않아도, 갑자기 훌쩍 여행을 떠나도, 갖고 싶은 물건들을 큰 고민 없이 사도 문제가 되지 않는다. 회사에 다닐 때는 아침 일찍 일어나는 것이 늘 곤욕이었다. 아침 9시부터 저녁 6시까지 한 공간에 붙잡힌 채 내 시간을 통째로 돈으로 바꾸는 삶이 지긋지긋했다. 하지만 이제는 경제적·시간적 자유는 물론이고 정신적 자유까지 얻게 되었다. 이런 '갓생'이 또 있을까?

그런데 역설적이게도 나는 지금도 아침 일찍 일어난다. 내 개인 공간으로 출근하는 것 자체가 너무 좋고, 밖에 나가서 노는 것보다 작업실에서 '내 일'에 몰두하는 게 훨씬 더 즐겁기 때문이다. 일하다 보면 어느새 밤늦은 시간이 되어버리고, 그때마다 가슴 가득 충만함과 성취감을 갖고 하루를 마감한다. 그저 단순히 소유하고 싶은 물건을 사는 데에도 돈을 쓰지만, 그보다는 새로운 콘텐츠를 만들거나 프로젝트를 기획하는 데 더 많은 돈을 쓴다. 남들 눈에는 회사에서 일할 때보다 독립한 지금이 워라밸에서 더 멀어진 삶으로 보일 수도 있다. 하고 싶은 일도 많은데, 여기에 더해 재밌는 제안을 해주는 곳도 정말 많아서 일분일초가 부족할 정도로 분주한 하루를 보내고 있기 때문이다. 일과 삶을 분리하기엔 지금 내 삶에서 일이 차지하는 비중이 너무 큰 것 같다. 그래서 나는 일과 삶을 무 자르듯 딱 분리하기보다는 그 둘이 24시간이라는 내 하루 안에서 조화롭게 섞일 수 있도록 노력하고 있다.

나는 어떤 때는 밥 먹는 것도 잊은 채 종일 일하면서도 틈틈이 사무실 근처로 산책도 나가고 책도 읽으며 충전의 시간을 갖는다. 어쩌면 이런 휴식조차 결국에는 내 삶을 살찌우는 것들이니 크게 보자면 '내 일'의 범주에 속하는 일들일지도 모른다. 콘텐츠를 만드는 데 필요한 책을 읽고, 머리를 식히며 새로운 영감을 얻기 위해 산책을 하고, 또 이런 과정을 브이로그에 담아 새로운 콘텐츠를 만들고…. 이 선순환이야말로 내가 추구하는 진정한 워라밸의 모습이 아닐까?

물론 모든 사람이 이런 삶을 살 필요는 없다. 꼭 좋아하는 일이 아니더라도 그 일을 직업으로 삼을 수도 있고, 일을 마치고 집에 돌아와 일과 분리된 시간을 보내며 자신만의 행복을 만끽하며 사는 것도 나쁜 삶은 아니다. 다만, 나는 그런 삶에 만족하고 싶지 않았다. 좋아하지도 않는 일을 하면서 인생의 가장 소중한 시기를 흘려보내고 싶지 않았고, 일과 삶을 철저히 분리한 채 '나의 일'과는 전혀 상관없는 것들로 소중한 저녁 시간을 낭비하고 싶지 않았다. 내가 가진 시간과 에너지와 열정이 너무 아까웠기 때문이다.

나는 더 성장하고 싶었다. 그리고 더 큰 성공을 이루고 싶었다. 한 살이라도 어릴 때 나를 위한 일을 더 열심히 하고 싶었다. 그래서 지금 일이라는 것은 내 삶에서 떼어놓을 수 없는 가장 중요한 요소가 되어버렸다. 어쩌면 워라밸을 지키면서 성공을 바라는 건 욕심일지도 모른다. 원하는 목표를 이루고 싶다면 일과 삶의 균형에 집착하기보다는 내가 진짜로 하고 싶은 일을 찾는 데 더 집중해보면 어떨까? 그리고 그 일 자체를 더 즐겁게 할 수 있는 환경을 만들어보는 건 어떨까? 세상은 넓고 재밌는 일은 너무나 많으니까.

누구나

좋아하는 일을 하며 살 순 없어요

'드로우앤드류' 채널의 메시지는 "좋아하는 일로 행복하게 일하자"이다. 그런데 가끔 이런 댓글이 달리기도 한다. "누구나 앤드류 님처럼 좋아하는 일을 하며 살 수는 없어요. 당신의 영상이 누군가에게는 상처가 될 수 있다고 생각하진 않나요?" 맞는 말이다. 지금 당장 먹고사는 일이 바쁜 사람에겐 배부른 소리처럼 들릴 수 있다. 나도 스스로의 잠재력을 믿지 못한 채 싫어하는 일로 돈을 벌어야만 했던 시절이 있었기에 그러한 지적에 충분히 공감한다. 하지만 댓글을 쓴 그 사람에게 되묻고 싶다. 유튜브 영상을 볼 수 있는 최소한의 시간이 있다면, 그리고 무언가를 만들어낼 수 있는 스마트폰과 인터넷이라는 리소스가 있다면, 진정으로 좋아하는 일을 찾고 그것에 시간과 에너지를 투자할 수 있는 환경은 갖춘 것이 아닐까? 생계를 유지하려고 좋아하지도 않는 일을 억지로 해야 하는 현실이 억울할 수도 있다. 하지만 어딘가에는 분명 좋아하는 일을 하며 행복하게 일하는 사람들이 존재한다.

미국에서 처음 인턴으로 일을 시작했을 때 내 월급은 150만 원 정도였다. 시리얼로 끼니를 때우며 방 하나가 딸린 집 월세를 내고 나면 남는 돈이 거의 없었다. 늘 돈이 부족했던 나는 연봉에 대한 궁금증이 생기기 시작했다. '대체 몸값은 누가 정하는 걸까? 똑같이 아침 9시부터 저녁 6시까지 일하는데 왜 누구는 억대 연봉을 받고 누구는 그 돈의 반의 반도 안 되는 돈을 받는 걸까?' 우울한 질문이 이어질수록 나는 스스로를 탓하기 시작했다.

'내 학벌이 부족해서 그런가?'
'내가 미국인이 아니라서 그런가?'

'내가 영어가 부족해서 그런가?'

자괴감이 깊어지던 중 어느 날 빌 게이츠의 말이 내 가슴에 쿡 박혔다.

"삶은 불공평한 거야. 그러니 익숙해져."

이 말을 듣자마자 분노가 치밀었다. '너는 우월한 유전자를 갖고 태어나, 부자 부모님 밑에서 좋은 교육을 받고 자라서 성공했다 이거지?' 하지만 '삶은 불공평하다'는 그의 말을 곱씹을수록 그것이 사실이라는 생각이 짙어졌다. 누구에게나 그렇겠지만 내게도 삶은 매우 불공평했다. 그걸 빠르게 인정하고 세상에 적응해 불리한 환경을 내게 유리하게 바꾸는 것이 이 불공평한 세상을 똑똑하게 살아가는 방법이었다. 그래서 나는 내가 갖지 못한 것에 집착하며 억울해하기보다는, 내가 갖고 있는 것에 집중하는 데 더 노력하기로 했다. 그렇게 나는 스스로 만든 한계의 벽을 부술 수 있었고, 내가 할 수 없을 것 같은 일도 해낼 수 있었다.

이 세상 모든 사람이 좋아하는 일로 행복하게 돈을 벌 수는 없다. 때로는 싫어하는 일을 하며 살아가야 할 시간도 분명 있을 것이다. 하지만 자신의 환경을 변화시킬 노력은 하지도 않고 불평만 해서는 결코 삶을 변화시킬 수 없다. 모든 것은 당신의 선택에 달려 있다. 싫어하는 일을 억지로 하며 하루하루 버티며 사는 것도, 싫어하는 일을 좋아하는 일로 조금씩 대체하기 위해 계속해서 새로운 도전에 나서는 것도 결국은 당신의 선택이다.

저는
명함 없이 일합니다

뼛속까지 한국 사람인 내가 미국에서 사회생활을 하며 경험한 문화적 차이가 하나 있다. 미국에서는 처음 보는 사람의 직업을 직접적으로 묻는 것이 큰 실례다. 그래서 보통 "무슨 일 하세요?(What do you do for living?)"라고 묻는다. 그러면 "저는 글을 씁니다", "저는 그래픽 디자인을 합니다", "저는 소셜미디어 마케팅을 합니다"처럼 자기가 하는 일의 내용을 답한다. 하지만 한국 사람들에게 똑같은 질문을 하면 이렇게 대답한다.

"저는 S 그룹 다녀요."

"IT 계열에서 일해요."

"저는 ×× 기업에서 일해요."

　자신이 속한 회사나 분야를 대답하는 식이다. 내 대답도 마찬가지였다. "미국 스타트업에서 그래픽 디자이너로 일해요." 비록 방 한 칸을 빌려 하루 벌어 하루 먹고사는 처지였지만 '미국', '스타트업', '브랜드', '시니어 디자이너' 등 나를 최대한 멋지게 수식할 단어들을 사용했다. 하지만 지나고 보니 그것들은 모두 빛 좋은 개살구였다. 미국에서 어이없게 직장을 잃고 난 뒤, 집에 갖고 온 박스 안에서 내가 쓰던 명함을 발견했을 때 나는 다짐했다. 더 이상 그 개살구 같은 것들에 자부심을 느끼거나 사람들의 시선에 얽매여 살지 않기로.

　물론 생계를 유지하려면 회사에 다니는 것, 즉 직업을 갖는 것은 필수다. 그런데 여기서 말하는 '직업'이란 무엇일까? 직업은 '직職'과 '업業'이라는 두 글자기 합쳐진 딘이다. 나는 이 두 글자를 분리해서 살펴볼 필요가 있다고 생각한다. 먼저 '직'은 쉽게 이야기하면 'Job'이다. 회사에 들어가 대리, 과장, 차장, 부장, 사장 같은 직함을 받는 것을 의미한다. 즉, 우리가 들고 다니는 명함이란 바로 이 '직'과 관련된 정보가 일목요연하게 표현된 손바닥만 한 종이에 불과한 것이다. '업'은 'Mission'이다. 나에게 맡겨진 임무, 즉 내가 세상에 온 이유라고도 할 수 있다.

코로나19로 미국과 유럽 주요국에서 1년도 안 되는 기간 동안 수천만 명의 사람이 일자리를 잃었으며, 유례없는 실업난과 취업난이 끝도 없이 이어지고 있다. 지금 내 주변의 20대, 30대들은 '나는 앞으로 어떻게 살아야 하나?'라는 고민을 시작했다. 생각해보면 우리는 그동안 '직'에만 너무 집착했던 것인지도 모른다. 어떤 일을 하는지보다 얼마나 많은 연봉을 주는지, 얼마나 유명하고 규모가 있는 회사인지가 더 중요했다. 하지만 한 치 앞도 내다보기 어려운 시대에 이게 다 무슨 소용이란 말인가? 내일 당장 잘려도 이상하지 않은 시대에 말이다.

하지만 '업'은 다르다. 업은 타고난 나의 적성으로 평생 할 수 있는 일을 뜻한다. '직'이 하나의 직함으로 하나의 가능성밖에 담지 못한다면 '업'은 나의 무한한 가능성을 다양한 일로, 다양한 모습으로 끝없이 파생시킬 수 있기 때문이다. 회사 안에서 나는 디자이너, 즉 '디자인만 하는 사람'이었지만 회사 밖에서 나는 '디자인도 할 수 있는 사람'이었다. 그리고 나는 이 '디자인'이라는 '업'을 아주 다양한 곳에서 원 없이 활용하고 있다. 내가 파는 상품을 내 손으로 디자인하고, 그 상품의 상세 페이지도 내가 직접 디자인하고, 내 콘텐츠를 홍보하는 카드뉴스 광고까지 모두 내가 디자인한다.

회사에 다니던 시절 나의 직업은 디자이너였다. 그리고 나는 아직도 '시니어 디자이너 앤드류 최'라고 적힌 명함을 갖고 있다. 그때는 그 명함이 내 자부심의 전부였지만 지금은 그저 종잇조각일 뿐이다. 나는 더 이상 나를 명함에 적힌 회사 이름이나 직함으로 표현하고 싶지 않다. 내 스스로 지은 이름 '드로우앤드류'가 나를 세상에 드러내고 내가 하는 일을 대변하기를 바란다. 지금의 내게 '직'은 사라졌지만 그 대신 훨씬 더 다양한 '업'이 기득해졌다. 글, 사진, 영상 등 다양한 콘텐츠를 만드는 것이 주업이지만 틈틈이 디자인 작업도 하고 강연도 하며 지금은 책도 쓰고 있다. 모두 내가 좋아하는 일들이다. 그리고 이 업들이 모여 과거에는 상상하지도 못한 액수의 돈을 벌고 있다. 한 경제학자의 말을 빌리자면, 저금리·저성장 시대에 '직'으로 버는 수입 말고 '업'으로만 한 달에 30만 원을 벌 수 있다면 3억 원의 금융 자산을 갖고 있는 것과 똑같다고 한다. 바꿔 말하면, 누구나 마음만 먹으면 그동안 하찮게 여겨졌던 일들로도 적지 않은 돈을 벌 수 있는 시대에 살고 있다는 뜻이 아닐까? 아이들이 갖고 노는 장난감만으로 콘텐츠를 만들어 떼돈을 버는 사람도 있으니 말이다. 이런 시대에 좋아하는 일로 소득을 만들 수 있는 것만큼 좋은 자산이 또 있을까?

나는 특정 사람들에 대해 이상한 열등감을 가지고 있었다. 특히 내가 경험해보지 못한 삶을 사는 사람들에게 더욱 심한 열등감을 느꼈다. 20대 초반에 그 대상은 유학생들이었고, 20대 후반에는 대기업에 다니는 사람들이었다. 내가 아무리 매사를 긍정적으로 대하고 언제나 자기 확신에 가득 차 있을지라도, 미국에서 유학할 정도로 경제적 여유가 없었다는 사실과 내 스펙이 대기업에 들어갈 만큼 뛰어나지 못했다는 사실은 부정할 수 없는 현실이었다. 그 시절 나는 그들과 나의 삶을 비교하며 내가 갖지 못한 것들이 무엇인지 헤아리는 데 많은 시간을 보냈다. 걷잡을 수 없는 불만과 질투에 휩싸이기도 했다. 그런데 신기하게도 지금의 나를 만든 건 그 '부족함'이었다. 잃을 것이 없던 나는 만족스럽지 않은 당시의 상황을 뒤집기 위해 물불 가리지 않고 내가 할 수 있는 모든 것에 도전할 수 있었다.

'그래, 너는 회사 딱지 떼면 아무것도 아니잖아. 나는 내 이름이 브랜드야.'

물론 이름 있는 회사에 입사할 정도의 실력과 스펙을 쌓기 위해 흘렸을 그들의 땀방울을 폄하하고 싶지는 않다. 하지만 나는 그들을 바라보며 불태운 질투심이라는 원료로 '회사 없이도 나를 소개할 수 있는 사람'이 되고자 끝없이 노력했다. 그리고 이제는 내가 그토록 부러워했던 사람들이 내게 먼저 이메일을 보내고 명함을 내밀며 협업을 제안한다. "제가 명함이 없어서요." "괜찮아요. 앤드류 님은 이름이 명함이잖아요." 나는 지금도 명함이 없다. 누구나 알 만한 회사의 로고가 박힌 멋진 명함은 없지만 내가 운영하는 다양한 채널과 그동안 해온 수많은

프로젝트가 내 명함을 대신해준다. 그렇게 내 이름은 브랜드가

되었다.

내가 월세 200만 원짜리
한강뷰 오피스텔을 선택한 이유

대학생 시절 나는 영어를 공부하러 호주에 워킹홀리데이를 떠났다. 당시 생활비를 벌기 위해 주로 레스토랑에서 설거지와 서빙 일을 했다. 한 푼도 허투루 쓰지 않고 열심히 돈을 모은 결과, 워킹홀리데이가 거의 끝날 때쯤 내 통장에는 4000달러 정도의 돈이 모였다. 당시 호주 달러의 환율은 1300원 정도로 한화로 500만 원이 넘는 돈이었다. 그 돈으로 여행을 떠나볼까 히는 생각도 했지만 힘겹게 모은 돈이었기 때문에 한 푼도 쓰지 않고 그대로 한국에 가져왔다. 그런데 한국에 돌아오니 호주 환율이 800원대로 곤두박질치기 시작했다. 앞자리가 바뀐

외화 통장 잔고를 바라보며 '차라리 이 돈으로 여행이라도 다녀왔으면 평생 잊지 못할 추억을 만들었을 텐데' 하는 아쉬운 생각이 들었다. 그날 이후 내 호주 달러는 환전되지도 않은 채 지금도 내 외화 통장에 고스란히 남아 있다.

이를 계기로 나는 '목적 없는 절약'에 애쓰기보다는 기회가 있을 때 과감히 나의 경험에 투자하기로 마음먹었다. 미국에서 월급 150만 원을 받으며 인턴을 시작했을 때도 겨우 월세와 생활비를 내면 남는 돈이 없었지만 조금씩 모은 돈으로 내가 좋아하는 디자이너의 캘리그래피 수업을 들었다. 수업료는 한 시간에 무려 20만 원이었지만 나는 내 가치를 높일 수 있는 일이라고 확신했기 때문에 그 돈이 전혀 아깝지 않았다. 나는 이때 배운 캘리그래피 기술로 미국에서 개인 과외와 디자인 외주 작업을 하며 당시 수업료의 10배가 넘는 수익을 창출하기도 했다. 그리고 최근에는 캘리그래피를 활용한 '마세슾'의 굿즈를 만들기도 했다.

지금 나는 내가 사는 곳과 작업실, 직원 숙소를 포함해 총 세

곳의 월세를 내고 있다. 월세와 관리비를 합치면 매달 400만 원에 가까운 돈이 고정비로 나간다. '굳이 그렇게까지 할 필요가 있나?', '차라리 그 돈을 매달 주식에 투자하면 훨씬 많은 돈을 벌 수 있을 텐데?'라는 생각을 할지도 모른다. 그러나 나는 이 공간을 활용해 또다시 내가 지불한 돈의 10배에 가까운 수익을 창출하고 있다. 특히 '마세숲'이라고 불리는 내 한강뷰 작업실은 내가 기획하는 거의 모든 콘텐츠가 시작되는 가장 중요한 공간이다.

내가 매달 비싼 월세와 관리비를 부담하면서까지 이 공간을 유지하는 것은 단순히 영상 촬영과 제작 때문만은 아니다. 그 이유는 바로 나에 대한 최고의 투자이기 때문이다. 나는 이곳에서 아침에 일어나 햇살에 반짝이는 한강을 바라보며 기분 좋은 아침을 시작한다. 나는 내가 만나고 싶은 사람들을 언제든 자신 있게 이곳으로 초대한다. 이곳에 이사를 온 뒤로 내 삶의 질은 전과 비교할 수 없을 정도로 높아졌다. 그뿐만 아니라, 나는 이곳에서 내 미래를 상상하며 더 큰 꿈을 꾸고 더 자신 있게 새로운 일들에 도전할 수 있게 되었다. 실제로 나만의 공간을 갖게 된 뒤 내가 추진하는 모든 사업은 배로 확장되었고, 내 주변에는 더 다양하고 멋진 사람들이 가득해졌다.

그래서 나는 재테크에 시간을 크게 투자하지 않는다. 돈이 생기면 주식, 펀드, 채권, 달러 등에 분산해 넣어두고 원화는 개인 통장과 사업 통장을 나누어 관리할 뿐이다. 주식에 돈이 들어가 있다고 해서 매일 아침 주식 차트를 확인한다거나 뉴스나 신문 기사 등에 촉각을 곤두세우는 것도 아니다. 그건 내가 믿고 투자한 회사에서 알아서 할 일이지 내가 신경을 쏟는다고 해서 달라질 수 있는 영역이 아니기 때문이다. 부동산 공부도 마찬가지다. 일단 적게는 수억 원, 많게는 수십억 원을 호가하는 부동산에 투자할 만한 큰돈도 없다. 지금 당장 투자할 수도 없는 영역을 미리 공부하는 것만큼 시간 낭비가 또 있을까?

이렇게 이야기하면 '레버리지의 개념도 모른다'고 이야기하는 사람이 있을 것이다. 그런데 과연 그게 진짜 레버리지일까? 그동안 나는 하루하루 내 일에 집중하며 나의 가치를 올리는 데 최선을 다하면서 살았다. 그러다 보니 자연스럽게 각 분야의 다양한 전문가들을 만날 수 있었다. 그중에는 주식과 부동산으로 엄청난 자산을 축적한 전문가들도 있었다. 그들은 모두 내게 이렇게 이야기해줬다. "앤드류 님은 재테크 공부할 필요가 없어요. 지금 하는 일에만 집중하세요. 나중에 필요하면 제가 투자 컨설팅을 해드릴게요."

다시 한번 생각해보자. '내가 직접 공부를 하는 게 빠른 길일까? 전문가의 도움을 받는 것이 빠를까?' 비단 주식이나 부동산뿐만이 아니다. 과연 무엇이 진짜 레버리지일까? 나는 아직 젊고 하고 싶은 것이 많다. 지금 하고 싶은 것을 참고 아껴서 자산 소득을 만드는 데 시간과 에너지를 쓰기보다는 한 살이라도 더 어릴 때 내 가치를 높이는 일에 내 시간과 에너지를 투자하고 싶다. 그리고 다른 무엇보다 내가 진심으로 좋아하는 일에 그 소중한 자원들을 사용하고 싶다. 이것이 우리가 당겨야 할 진짜 '레버리지'가 아닐까?

때때로 자신의 시간과 에너지라는 리소스의 가치를 과소평가하는 사람들이 있다. 지금 당장은 돈보다 시간과 에너지가 넉넉해 상대적으로 돈이 더 귀하게 느껴지겠지만, 이는 내가 지금 하는 일에 대한 기회비용을 생각하지 못하는 사고방식이다. 매일 수없이 오르내리는 주식 차트를 들여다보는 시간과 에너지, 부동산 임장을 다니는 시간과 에너지가 정말 내 인생의 행복을 가져올까? 오로지 돈만이 삶의 가장 큰 가치가 된 것은 아닌지, 혹시 막연하게 '노후의 행복'이라는 아직 오지도 않은 미래를 대비하는 데 너무도 많은 기회를 포기하고 있는 것은 아닌지, 좋아하지도 않는 일에 '오늘'의 시간과 에너지를 태우고 있는 것은 아닌지 곰곰이 생각해볼 필요가 있다.

어떤 사람들은 이렇게 말한다. "좋아하는 일은 나중에 해도 된다." 하지만 그 '나중'이 대체 언제 올까? 오기는 할까? 우리의 20대와 30대는 지금이 아니면 다시는 돌아오지 않는다. 40대와 50대도 마찬가지다. 지금 하지 않으면 평생 후회할 일들이 있다. 이것이 내가 여전히 성장 중인 '나'라는 우량주에 오늘의 시간과 에너지를 투자하는 진짜 이유다.

내 인생의 배터리는
지금 얼마나 남아 있을까

하루는 할머니와 어머니 그리고 나 셋이 앉아서 밥을 먹고 있는데 문득 그런 생각이 들었다. 만약 인간이 백 살까지 산다고 가정했을 때 서른두 살인 내게 남은 인생의 배터리는 68퍼센트일 것이다. 어머니의 배터리는 42퍼센트, 할머니의 배터리는 19퍼센트가 남았다. 할머니에게 더 잘해드려야겠다는 생각도 잠시, 갑자기 눈이 번쩍 뜨였다.

'만약 아이폰의 배터리가 68퍼센트밖에 남아 있지 않은 걸 보면 나는 아마 얼른 충전부터 하려고 할 텐데…. 하지만 인

생은 충전할 수 없잖아?'

만약 아이폰 배터리를 영영 충전하지 못한다면 어떻게 될까? 그리고 그 사실을 내가 알고 있다면 어떨까? 별로 좋아하지도 않는 사람과 쓸데없는 문자를 주고받거나, 잘 알지도 못하는 연예인들의 가십 기사를 보려고 인터넷을 켜거나, 누군가를 비방하는 댓글을 다는 데 그 소중한 배터리를 사용하진 않을 것이다. 그보다는 내가 사랑하는 사람과 통화를 하거나, 내삶을 더 나아지게 만들고 보람차게 만드는 일에 사용할 것이다. 시간과 에너지를 소중하게 여긴다는 것은 마치 스마트폰에서 사용하지 않는 앱을 끄는 것과 같다. 끝이 반드시 존재하는 유한한 삶에서 꿈을 이루려면 삶에서 '중요하지 않은 것'과 '중요한 것'을 구분 짓고 살아야 한다. 그래야 우리가 정말로 하고 싶은 일을 찾았을 때 온전히 집중할 수 있다.

이는 단순히 시간을 잘 관리해 계획적으로 써야 한다는 말이 아니다. 강연과 방송 출연이 겹쳐 이틀 연속으로 외근을 한적이 있다. 이틀간 내가 일한 시간은 총 3시간 정도였고 벌어들인 돈은 300만 원이었다. 몇 년 전만 해도 하루에 8시간씩 한 달을 꼬박 일해야 받을 수 있는 돈을 반나절도 안 되는 시간에 벌게 된 것이다. 앤드류라는 사람은 똑같았지만 300만 원이라는 돈을 버는 데 든 시간이 160시간에서 3시간으로 변한 것이다. 이뿐만 아니라 지금 이 글을 쓰고 있는 중에도 내가 만들어 올린 수많은 온라인 콘텐츠가 나를 위해 돈을 벌어다주고 있다. 어느 날은 하루 동안 1000만 원이 넘는 돈을 벌어본 적도 있다. 시간이 돈보다 훨씬 더 소중하다는 사실을 깨달은 순간 눈이 번쩍 뜨였다. 300만 원을 벌려고 매달 160시간을 기꺼이 쓰던 시절의 내가 얼마나 사소한 일들에 시간과 에너지를 흘려보내며 살았는지 깨닫게 된 것이다.

직장 상사의 비합리적인 지시와 명령, 동료들 간의 눈치와 소문, 비효율적이고 비생산적인 회사 시스템…. 이런 일들에 지금까지 내가 낭비한 시간과 에너지는 얼마나 많을까? 이것들은 지금의 내가 추진하는 프로젝트나 거기서 비롯한 고민거리에 비하면 정말 보잘것없을 정도로 작은 일에 불과하다. 그동안 나는 왜 이런 일들에 둘러싸여 스트레스를 받았을까? 그리고 주말이면 친구를 만나 불평과 불만을 쏟아내며 또다시 나의 소중한 시간과 에너지를 소모했던 것일까?

　회사를 다니면서 유튜브를 시작하기로 마음먹었을 때, 회사 일은 '내가 해야 하는 일'이고 유튜브는 '내가 하고 싶은 일'이었다. 나는 퇴근하고 남는 시간을 활용해 유튜브 콘텐츠를 만들기 시작했다. 유튜브 영상을 만드는 데는 꽤나 많은 시간과 에너지가 필요했기 때문에 나는 퇴근하고 지인들을 만나는 시간을 줄여야만 했다. 처음에는 내게 핀잔을 주는 친구들도 있었지만 내가 진정으로 하고 싶은 일이었기에 기꺼이 감수할 수 있었다. 그 과정에서 자연스럽게 내 삶에서 중요한 사람과 중요하지 않은 사람이 나뉘기 시작했다.

　물론 그때도 여전히 매일 아침 9시부터 저녁 6시까지 회사에 물리적으로 붙잡혀 있어야 하는 처지였다. 퇴근하고 집에 돌아오면 진이 빠질 대로 빠진 상태라 콘텐츠 기획 아이디어도 잘 떠오르지 않았다. 그래서 나는 회사에서의 시간을 '콘텐츠 리서치 시간'으로 활용하기 시작했다. 그리고 회사 업무를 빠르게 끝내고 틈틈이 남는 시간과 점심 시간을 활용해 구체적인 기획안을 작성했다. 퇴근하고 돌아오면 머리를 써야 하는 '아이디어 개발'보다는 상대적으로 머리를 덜 쓰며 기계적으로 할 수 있는 '영상 편집'을 주로 했다. 하고 싶은 일도, 해야 할 일도 많았던 나는 시간과 에너지를 낭비하지 않기 위해 내가 발휘할 수 있는 최대치의 생산성을 발휘해야만 했다.

일의 생산성에 관해 이야기할 때 많은 사람이 '어떻게 하면 더 많은 업무를 처리하고, 더 많은 시간을 일할 수 있는지'에 집중한다. 하지만 그것은 생산성을 높이는 것이 아니라 '그냥 일을 더 많이 하는 것'일 뿐이다. 내 진짜 목표는 내가 살면서 이루고 싶은 일들을 좀 더 효율적으로 해내는 사람이 되는 것이다. 좀 더 구체적으로 이야기하자면, '해야 하는 일'을 가급적 빠르게 처리한 뒤 '하고 싶은 일'에 가장 많은 시간과 에너지를 집중시키는 것이다. 이제 스스로에게 물어보자. '내 인생의 배터리는 얼마나 남아 있을까? 그리고 나는 지금 내가 하고 싶은 일에 충분한 시간을 투자하고 있을까?'

죽은 물고기만이
흐름을 따라간다

요즘 유튜브를 보면 정말 많은 사람이 자신의 성공, 성장 스토리를 말해준다. 그들에게는 몇 가지 공통점이 있는데 그중 하나가 '흐름을 역행했다'는 것이다. 마치 연어가 계곡 물의 반대 방향으로 헤엄쳐 오르듯이 말이다. 미국에는 이런 속담이 있다.

죽은 물고기만이 흐름을 따라간다.

(Only dead fish go with the flow.)

아쉽게도 지금 우리가 사는 세상에는 죽은 물고기처럼 사는 사람들이 넘쳐나는 것 같다. 억지로 회사에 출근하는 사람, 남의 눈치만 보며 시키는 일만 하는 사람, 시간만 때우며 하루하루를 보내는 사람, 학교나 회사의 타이틀에만 연연하는 사람, 돈이 되는 일만 쫓아다니는 사람, 타인의 시선을 의식하며 그저 물 흐르듯 살아가는 사람…. 마치 죽은 물고기가 천천히 물길을 따라 흘러 내려가듯 말이다.

나도 그런 사람 중 하나였다. 사실 내 또래 친구들의 대다수는 어린 시절부터 죽은 물고기가 되도록 교육받으며 자랐다. 매년 반이 정해지면 똑같은 학우들과 똑같은 교실에서 똑같은 교복을 입고 똑같은 머리를 하고 똑같은 교과서로 공부했다. 사회가 만들어낸 물살은 우리를 대학교로 인도했고, 대학에 입학하면 모든 것이 해결될 줄 알았지만 막상 대학에 가니 이번에는 어서 빨리 취업을 해야 한다고 다그쳤다. 더 좋은 회사에 들어가기 위해 학점을 관리하고 영어 점수를 만들고 대외활동을 했고, 그렇게 죽기 살기로 노력해 취업을 했다. 하지만 여전히 우리 앞에는 망망대해가 펼쳐져 있었고, 우리는 물고기 떼처럼 한 덩어리가 되어 목적지가 어딘지도 모른 채 물살에 휩

쓸렸다.

어쩌면 우리는 1997년 IMF 외환 위기, 2008년 글로벌 금융 위기, 2020년 코로나19 등 갈수록 심해지는 거대한 경제 위기를 겪으면서 무의식적으로 더욱 안정적인 것만을 좇게 된 것인지도 모른다. 나도 내 지난 삶을 돌아보면 흐름에 역행하기보다는 흘러가는 대로 살아왔던 것 같다. 흐름을 따르는 건 안정감을 줬다. 소속감을 느끼게 해줬고, 빠르게 흘러가는 내 모습에 도취된 채 시간은 흘러갔다. 하지만 시간이 지날수록 나는 죽은 물고기가 되어가고 있었다. 내 안에 있는 열정은 점점 식어갔고, 내 뜻대로 되지 않는 주변 환경을 탓하기 시작했다. 어느 날 주위를 둘러보니 현실에 안주하며 죽어가는 물고기로 살아가는 사람들뿐이었다. 그런 선배들을 보니 숨이 막혀왔다. 이 상황을 바꾸려면 물이 흘러가는 방향이 아니라 그 반대로 역행해야 했다. 나는 다시 살아 있음을 느끼고 싶었다.

미국에서의 삶을 포기하고 한국에 돌아왔을 때 어느 대표님의 부름에 직접 회사를 찾아간 적이 있다. 지하철역 안은 아직 출근 시간대라 사람들로 북적이고 있었다. '띵동!' 전동차의 문이 열렸고, 사람들이 일제히 쏟아져 나오기 시작했다. 마치 물살을 따라 헤엄치는 물고기 떼처럼 나도 사람들 사이에 끼어 출구를 향해 걸어나갔다. 그 순간 정신이 번쩍 들었다. 나는 더 이상 사회가 만들어놓은 물살에 휩쓸려 살고 싶지 않았다.

사무실에서 만난 그 대표님은 내가 회사에서 도모할 수 있는 여러 비전을 제시해주었지만 나는 결국 그 회사에 취직하는 것을 포기했다. 과연 그 선택이 맞았을까? 사실 나는 두려웠다. 하지만 나는 살아 있는 물고기가 되고 싶었다. 살아 있는 물고기로 살아가는 건 어려운 일이다. 물의 흐름을 거슬러 혼자서 계속 헤엄쳐 나가야 하기 때문이다. 그러나 힘든 시간을 지나고 나면 점차 물살에 맞서 더 높은 상류로 도약할 수 있는 힘이 생긴다. 물살을 역행하는 살아 있는 물고기가 되어야 내가 꿈꾸는 삶을 얻을 수 있다. 흐름대로 흘러가는 건 죽은 물고기뿐이다.

부자는 아니지만
돈은 잘 법니다

좋아하는 일로
돈을 벌어도 불행했던 이유

그러므로 나는 사람이 자기 일에 즐거워하는 것보다 더 나
은 것이 없음을 보았나니 이는 그것이 그의 몫이기 때문이
라. _전도서 3장 22절

내 작업실 문패에 걸려 있는 성경 구절이다. 세상의 모든
권력과 부를 누렸던 솔로몬 왕도 사람이 자기 일을 즐거워하는
것보다 더 좋은 것을 본 적이 없다고 이야기했다. 좋아하는 일
을 업으로 삼는 것이 얼마나 큰 축복인지 새삼 느끼게 된다. 어
릴 적부터 고집이 셌던 나는 하기 싫은 건 죽어도 못 하는 아이

였다. 좋아하는 과목은 서점에 더 이상 풀 문제집이 없을 정도로 열심히 했지만 싫어하는 과목은 쳐다보지도 않았다. 결국 공부보다는 그림에 소질이 있었던 나는 고등학교 때부터 미대 입시를 준비해 디자인과에 입학했다. 대학교에서도 이런 성격은 금세 성적으로 나타났다. 전공 수업은 대부분 A+를 받았지만 교양 수업은 늘 C에 머물렀다. 그때 나는 디자인에 미쳐 있었다. 미대 입시를 준비하기 시작했던 열일곱 살부터 디자이너로 일했던 서른 살까지 10년이 넘는 시간 동안 하나의 꿈만 바라보며 달려왔다. 열심히 노력한 결과 좋은 회사에 취업할 수 있었고, 간간이 외주 작업도 하며 소득은 조금씩 올라갔다. 좋아하는 일을 하면서 돈도 잘 버니 만족감은 날로 높아졌다. 그러던 어느 날, 외주 일을 주던 클라이언트가 내게 이렇게 말했다.

"앤드류, 몇 달 전에 해준 아이콘 디자인 수정 좀 해줄 수 있어?"

"응. 당연하지. 그런데 수정사항이 좀 많아서 추가 비용을 받아야 할 것 같아."

"추가 비용? 그건 너무 비싸지 않아?"

클라이언트는 내가 디자인한 열 가지 아이콘에 세 가지 아이콘을 더 추가해 디자인해달라고 요청했다. 이미 몇 달 전에 마감한 프로젝트였고, 디자인 수정도 아닌 새로운 디자인을 추가로 그려달라고 해서 그에 합당한 비용을 제시한 것뿐인데 클라이언트는 추가로 비용을 부담하는 것이 부당하다고 이야기했다. 심지어 그 돈이면 처음부터 다른 디자이너에게 맡기는게 나았을 것이라는 말까지 했다. 결국 내가 시작했던 프로젝트는 다른 디자이너에게 넘어갔다. 갑자기 머리를 세게 얻어맞은 기분이었다. '내가 이렇게 쉽게 대체될 수 있구나….'

생각해보면 나는 회사에서도 늘 대체되기 쉬운 사람이었다. 그동안 이런저런 사정으로 다섯 번 퇴사를 했는데 그때마다 내가 앉아 있던 자리는 순식간에 새로운 사람으로 채워졌다. 업무에 대한 인수인계가 끝나면 나는 마치 쓰고 버려지는 부품처럼 교체되었고 내가 없어도 회사는 잘 굴러갔다. 이게 뭘까? 분명 나는 좋아하는 일로 돈을 버는 것에 만족감을 느끼며 살고 있었는데 가슴속 깊이 채워지지 않는 무언가가 존재하는 기분이었다. '내 일이 이렇게 쉽게 대체될 수 있다고? 내가, 그리고 내 일이 수많은 대체품 중 하나에 불과한 것이라면 그럼 내가 존재하는 이유는 대체 뭐지?'

고민이 깊어지던 중 나는 '이키가이'라는 개념을 배우게 되었다. 이키가이란 사람이 '살아가는 보람', '존재하는 이유'를 뜻하는 개념이다. 일본에서는 '아침에 눈을 뜨는 이유'라고도 부른다. 이키가이는 모두 4개의 동그라미로 구성되어 있는데 각각의 동그라미는 '좋아하는 것', '잘하는 것', '돈이 되는 것', '세상이 필요로 하는 것'을 가리킨다. 인간이 보람된 삶을 살기 위해서는, 즉 아침마다 설레는 마음으로 눈을 뜨기 위해서는 반드시 이 네 가지 요소를 모두 포함한 일을 찾아야 한다는 것이 이키가이의 정신이다. 나는 이 이키가이 표를 보고 나서야 그동안 아무리 열심히 일해도 어딘가 해소되지 않던 '결핍'이 무엇인지 깨달았다.

그동안 나는 좋아하는 일을 하며 남들에게 인정을 받았고,

그 일로 돈까지 벌며 만족스럽게 살아왔다. 하지만 언제든 회사나 클라이언트에 의해 대체될 수 있는 존재였다. 스스로 만족스럽게 일한다며 자부했지만 남들이 보기에 내 쓸모는 언제든 더 값싼 노동력으로 대체될 수 있었다. 나의 존재 이유가 나 스스로가 아니라 그들에 의해 결정되는 기분이었다. '아, 좋아하는 것만으로는 안 되는구나!' 이 문제를 해결하기 위해서 나는 '세상이 필요로 하는 무언가'를 찾아야만 했다. 그렇다면 세상이 필요로 하는 일은 어떻게 찾을까? 세계 평화를 위해 싸워야 할까? 환경 파괴 혹은 가난과 기근을 없애기 위해 싸워야 할까? 처음에는 어렵게 느껴졌지만 세상이 필요로 하는 일은 그리 대단한 것이 아님을 깨달았다. 그저 나를 필요로 하는 사람들을 찾으면 그것이 세상이 원하는 것이었다.

'나는 그동안 세상이 아니라, 회사에 필요한 사람이 되기 위한 노력만 했구나.'

나는 그동안 나의 가치를 세상이 정해준 프레임 안에 가두고 있었다. 나의 가치를 회사에서만 찾으려고 했기 때문에 세상이 내게 무엇을 필요로 하는지 질문조차 던지지 않았다. 이제 나는 남들이 나를 먼저 알아봐줄 때까지 기다리는 것이 아니라, 내가 나서서 내 가치를 세상에 알리고 나를 필요로 하는 사람들을 찾아보기로 했다. 감사하게도 나를 세상에 알릴 수 있는 방법은 너무나 많았다. 그때부터 내 가치를 이력서라는 종이에 담아 회사에만 뿌리는 게 아니라, 아예 나만의 콘텐츠를 만들어 소셜미디어에 뿌렸다. 그것이 세상이 내게 필요로 하는 것이 무엇인지를 찾는 가장 빠른 방법이었다.

회사가 아닌 세상에
이력서를 뿌리자 생긴 일

첫 유튜브 채널 '드로우앤드류'는 그렇게 시작되었다. 내가 그
동안 배우고 경험한 것들을 세상에 이야기하며 나를 필요로 하
는 사람들을 찾는 것이 가장 큰 목적이었다. 나도 처음엔 무엇
을 콘텐츠로 만들어야 할지 몰라 방황했다. 그래서 '영문 이력
서 작성법', '해외 취업하는 법', '영어 공부하는 법' 등 내가 실
제로 경험한 것들 중 사람들과 나눌 수 있는 것들을 하나씩 콘
텐츠로 만들어나갔다. 마치 종이 이력서의 빈칸을 채우듯 "저
는 이런 것도 할 수 있어요!", "저는 이런 경력이 있어요!", "저
는 이런 생각을 가지고 있어요!"라고 외치며 세상에 나의 가치

를 뿌리기 시작한 것이다. 그렇게 한 달이 지났을 무렵 100명의 구독자가 모였다. 어디에 자랑할 만한 숫자는 아니었지만 내 이야기를 들어주는 사람이 생겼다는 것이 너무나도 신기하고 감사했다. 나는 구독자 100명에게 감사 영상을 올리고 이를 계기로 더 책임감 있게 영상을 만들기 시작했다. 내 채널에서 가장 먼저 주목을 받은 영상은 내가 어떻게 미국에서 인스타그램 인플루언서로 성장하게 되었는지를 정리한 영상이었다. 나는 해당 영상을 기점으로 좀 더 본격적으로 '인스타그램 마케팅'과 '퍼스널 브랜딩'을 주제로 한 영상을 꾸준히 만들기 시작했고, 이로써 나를 필요로 하는 사람들을 더 많이 만날 수 있게 되었다. 그리고 1년이 지나자 유튜브 '드로우앤드류' 채널의 구독자는 5만 명이 되었다.

세상이 필요로 하는 것을 찾자 놀라운 일이 벌어졌다. 나는 이 5만 명의 구독자가 시청하는 내 채널을 통해 다양한 수익 활동을 실현할 수 있게 되었고, 한국에 돌아와서는 퍼스널 브랜딩을 주제로 한 각종 강연에 초빙되었다. 또 온라인 클래스와 전자책 콘텐츠를 기획해 판매하고 '코칭 비즈니스'까지 운영하게 되었다. 나중에는 이를 주제로 다양한 브랜드와 협업하는 기회를 만들며 과거에는 상상조차 할 수 없었던 큰돈을 짧은 시간 안에 벌게 되었다. 회사가 아닌 세상에 내 이력서를 뿌리기 시작한 지 불과 1년 반 만에 이루어진 일이다.

나는 '드로우앤드류' 채널 운영을 통해 배운 방식을 그대로 '마세슾'에도 적용했다. 어렸을 적부터 그림 그리기를 좋아했던 나는 디자인을 공부하며 무엇이든 곧잘 시각적으로 보기 좋게 만들곤 했다. 특히 집을 꾸미거나 각종 소품을 만드는 작업을 좋아했는데, 이러한 나의 취향에 초점을 맞춰 '나만의 공간을 꾸민다'라는 콘셉트로 브이로그 형태의 콘텐츠를 만들어 봤다. 이것이 '마세슾'의 시작이었다. 이 콘텐츠는 유튜브와 인스타그램을 통해 순식간에 공유가 되었고, '마세슾'만의 감성과 라이프스타일을 좋아하는 사람들이 채널로 모여들었다. '마세슾'은 유튜브 '스타일/노하우 분야'에서 '국내 급상승 유튜브 채널 1위'를 기록하며 빠르게 브랜드를 구축했고, '마세슾'의 가치를 알아본 기업들은 줄지어 협업을 제안하기 시작했다.

그야말로 내가 너무 좋아해서 시작한 일이 불과 3개월 만에 돈이 되기 시작한 것이다. 브랜드의 메시지를 '마세슾'의 감성으로 전달하는 광고 영상을 만들었고, 성수동 한복판에 '마세슾'의 공간을 그대로 재현한 팝업스토어를 열었으며, '마세슾'의 아이덴티티를 담은 기획 상품을 출시했다. 이 글을 적고 있는 지금도 다양한 기업으로부터 끊임없이 사업 제안을 받고 있다. 신기했다. 나는 그저 내가 좋아하고 잘하는 것 중에서 세상이 필요로 하는 것을 찾았을 뿐인데 저절로 돈 버는 기회도 찾아온 것이다.

만약 내가 처음으로 돌아가 다시 0부터 시작한다면, 나는 가장 먼저 내가 무엇을 좋아하고 잘하는지를 찾기 위한 자기 성찰을 할 것이다. 나는 누구이고, 과거의 어떤 경험들이 지금의 나를 만들었으며, 미래의 나는 무엇을 이루고 싶은지 생각해볼 것이다. 그리고 내가 사람들에게 제공할 수 있는 가치가 무엇인지 탐색할 것이다. 만약 이 과정을 거치지 않고 오로지 돈을 벌기 위해 일을 시작한다면 정말 운이 좋아 결국 돈을 벌게 될지언정 일의 의미는 찾지 못해 금방 지쳐 포기하게 될 것이 분명하다. 그러니 우선은 내가 무엇을 좋아하고 잘하는지부터 찾아보자. 그렇게 찾은 나의 가치를 콘텐츠에 담아 세상에 알려보자.

자기 분야에서
독보적인 사람들의 특징

"앤드류 님의 메시지가 저희 브랜드가 전하려는 가치와 같아서 꼭 협업을 진행하고 싶습니다."

내게 프로젝트를 제안하는 브랜드들이 공통적으로 하는 이야기다. 수년간 채널을 운영하면서 많은 변화를 거쳤지만 내가 고수한 메시지의 방향성은 언제나 동일했다. "소셜미디어와 퍼스널 브랜딩을 적극적으로 활용해 좋아하는 일로 행복하게 일하자." 이 메시지를 전파하며 나는 내 이야기에 공감해주는 사람들을 만날 수 있었고, 나아가 내 가치를 알아봐주는 브랜드와 협업하며 더 큰 기회를 만들어나갈 수 있었다. 내가 남들보다 특별히 더 뛰어났다거나 범접할 수 없는 매력을 지녔다고는 생각하지 않는다. 단지 사람들의 기억 속에 '드로우앤드류' 하면 떠오르는 확실한 정체성이 있었기 때문에 비교적 짧은 시간 안에 채널을 성장시킬 수 있었다고 생각한다. 따라서 나는 이제 막 퍼스널 브랜딩과 소셜미디어 채널 운영을 시작하려는 사람들에게 '당장 어떻게 유명해질 것인지'를 고민하기보다는 '어떤 메시지를 꾸준히 사람들에게 전할 것인지'를 고민해보라고 조언한다. 이를 바꿔 말하면, '어떻게 돈을 벌 것인지'에 앞서 '누구에게 어떤 가치를 전달할 것인지'를 먼저 생각해야 한다는 말과 같다. 그리고 가장 중요한 것은 '나다운 것이 무엇인지 보여줄 수 있는 브랜딩 기획'을 해야 한다는 것이다.

예전부터 나는 자신의 인생을 주인공처럼 사는 사람들을 동경해왔다. 유명한 사람은 아니지만 자신만의 분야가 있고 그 분야에서 독보적인 존재감을 나타내는 사람들 말이다. 그들은 구구절절 설명하지 않아도 자신이 누구이고 무엇을 하는지 한 번에 드러낼 수 있다. 내가 처음 인스타그램에서 발견해 캘리그래피를 배우기 위해 찾아갔던 LA의 캘리그라퍼, 블로그를 통해 알게 되어 흠뻑 빠지게 된 디자이너, 유튜브로 나의 몸과 마음의 건강을 책임지고 있는 온라인 요가 선생님 등 각자의 분야에서 자기만의 아이덴티티가 뚜렷한 사람들, 나는 그들을 진정한 '퍼스널 브랜드'라고 부른다.

그리고 이들은 모두 하나의 공통된 특징을 지니고 있다. 바로 자신이 지닌 브랜드 정체성의 일관성을 세 가지 측면에서 철저히 유지한다는 것이다. 그 세 가지란 바로 이것이다.

- 페르소나: 나는 누구인가? (Who I am?)
- 목적: 나는 무엇을 하는가? (What I do?)
- 콘텐츠: 나는 그 일을 어떻게 하는가? (How I do it?)

나는 이것을 퍼스널 브랜딩의 세 가지 요소라고 부른다. 그렇다면 '드로우앤드류' 채널의 '페르소나'와 '목적'과 '콘텐츠'는 각각 무엇일까? 우선 '페르소나'는 '자기 인생을 주인공으로 살아가는 밀레니얼 프리워커'다. '목적'은 '사람들에게 좋아하는 일로 행복하게 일하는 방법을 알리고 변화를 이끄는 것'이다. 마지막으로 '콘텐츠'는 '내가 자기계발을 통해 성장하며 배운 것들을 공유하는 것'이다. 다시 강조하지만, 퍼스널 브랜딩에서 가장 중요한 것은 '일관성'이다. 내가 정한 '페르소나'에 맞춰 어떤 모습을 보여줘야 하는지, 내가 정한 '목적'에 맞춰 어떤 주제의 콘텐츠를 만들어야 하는지, 내가 정한 '콘텐츠'에 맞춰 어떤 소통 방식을 취해야 하는지 늘 구체화해 일관성을 유지해야 한다.

아, 물론 브랜드라는 것은 원래 시간이 지날수록 점차 아이덴티티가 뚜렷해지는 것이기 때문에 처음부터 너무 각을 잡고 시작할 필요는 없다. 또한 구독자, 즉 소비자들이 어떻게 받아들이느냐에 따라 얼마든지 달라질 수 있기 때문에 억지로 특정한 아이덴티티를 강요할 수도 없다. 따라서 처음에는 담백하게 시작해보자. 우선은 콘텐츠를 기획하고 만들 때마다 늘 '나는 어떤 사람이지', '나는 무엇을 하는 사람인지', 그리고 '나는 그것을 어떻게 전하는 사람인지'를 잊지 않으려 애쓰는 것만으로도 충분하다.

메시지를 전할
자격

사람들의 퍼스널 브랜딩을 돕는 '코칭 비즈니스'를 운영할 때의 일이다. 여러 의뢰인과 대화를 나누다 보면 종종 너무 추상적이거나 자신과 맞지 않는 메시지를 전하려는 사람들이 있다. 그들 중에 상당수는 '라이프스타일 코치' 혹은 '동기 부여 강연가'가 되고 싶어 했다.

- 의뢰인: 저는 사람들에게 선한 영향력을 전하고 싶어요.
- 앤드류: 구체적으로 어떤 사람들에게 어떤 선한 영향력을
  전하고 싶은 거죠?

- 의뢰인: 음… 긍정적인 에너지로 사람들을 도와주는 거요.
- 앤드류: 혹시 사람들을 도와준 경험이나 경력이 있나요?
- 의뢰인: 아뇨, 그런 건 없지만… 라이프스타일 코치가 되고 싶어서요.

세상에 전할 메시지라고 해서 꼭 특별하거나 멋있을 필요는 없다. 특별하고 멋있는 메시지를 전해야 사람들이 내 이야기를 들어줄 것이라는 생각은 큰 착각이다. 아직 자신의 인생에서조차 길을 찾지 못한 사람이 어떻게 남의 인생의 길을 찾아줄 수 있을까? 작은 성과도 이룬 것이 없는 사람이 스스로를 동기 부여 강연가라고 소개할 수 있을까? 아무리 멋진 내용이라고 해도 자신과 맞지 않는 메시지를 전하면 사람들은 진정성을 느끼지 못한다. 말이라는 것은 같은 말이라도 누가 하느냐에 따라 전달되는 힘이 전혀 다르다. 따라서 두루뭉술한 이야기보다는 오직 자신만이 이야기할 수 있는 메시지를 찾는 것이 훨씬 유리하다. 그리고 더 중요한 것은 그 메시지를 전할 '자격'을 갖추는 일이다.

나는 디자이너로 일하며 인스타그램으로 인지도가 없는 문구 브랜드를 성장시킨 경험이 있다. 그리고 실제로 인스타그램으로 미국 브랜드들과 협업하는 인플루언서가 되었고, 이를 통해 더 좋은 조건으로 재취업에 성공했다. 이직한 직장에서는 인스타그램 이벤트로 2주 만에 팔로워 수 2만 명을 증가시켰다. 나는 이 경험들을 토대로 "소셜미디어를 통해 퍼스널 브랜딩을 하자"라는 메시지를 전하기 시작했다. 이때 내가 과거에 디자인했던 브랜드가 소개된 기사, 블로그, 웹사이트, 포트폴리오, 그리고 내가 모은 인스타그램 팔로워 수는 나의 메시지에 신뢰와 권위를 더하는 '사회적 증거'가 되었다. 메시지를 전하기 전에 사람들이 왜 내 이야기를 끝까지 들어야 하는지 생각해보자. 과연 내가 그들에게 메시지를 전할 충분한 자격을 갖췄는지 고민해보자. 나의 자격을 먼저 증명해야 청중을 내 목소리에 집중시킬 수 있다. 자, 당신에게는 어떤 경험이 있는가?

만약 가장 잘 전할 수 있는 콘텐츠와 메시지를 찾았지만 아직 사회적 증거가 부족하다면 '자신의 관심을 꾸준히 기록하는 것'만으로도 그 부족함을 채울 수 있다. 내가 그 주제에 대해 얼마나 오랫동안 꾸준한 관심을 기울였는지를 기록하여 증거로 만드는 것이다. 최근 인터뷰를 통해 만나게 된 분이 있는데 그는 40만 명이 팔로우하는 영어 교육 관련 인스타그램 계정을 운영하고 있었다. 그가 처음 인스타그램을 시작할 때만 해도 그는 영어를 잘하는 사람이 아니었다고 한다. 하지만 영어 공부에 관심이 많았던 그는 자기가 공부한 것들을 하루도 쉬지 않고 콘텐츠로 만들어 공유했고, 그 콘텐츠가 조금씩 퍼지고 퍼져 영어 공부에 관심 있는 사람들이 계정에 모이기 시작했다. 현재 그는 실리콘밸리의 영어 교육 스타트업에서 스카웃 제의를 받아 마케팅팀의 팀장으로 일하고 있다.

내가 처음 유튜브를 시작했을 때만 해도 나는 평범한 직장인이었다. 하지만 인스타그램이라는 플랫폼으로 퍼스널 브랜딩을 하면서 내가 겪은 다양한 경험을 유튜브에 공유하고, '소셜미디어를 활용해 나를 브랜딩하자'는 메시지를 전달하기 시작하자 각종 강연, 컨설팅, 방송 출연 등 많은 기회가 찾아왔다. 그 결과 나는 회사로부터 독립할 수 있었고, 바쁜 와중에도 틈틈이 나의 성장 과정을 계속 기록해나갔다. 결국 나는 소셜미디어를 통해 퍼스널 브랜딩을 하는 궁극적인 목적이 '좋아하는 일로 행복하게 일하기 위한 것'임을 자연스럽게 깨달았다. 이것이 바로 현재 '드로우앤드류' 채널의 메시지인 "좋아하는 일로 행복하게 일하자"를 찾게 된 배경이다.

두 번째 채널 '마세슾'도 실은 관심사에 대한 꾸준한 기록에서 시작한 채널이다. '마세슾'의 메시지는 이것이다. "우리 모두에게는 안전 공간이 필요하다." 나는 인테리어 전문가는 아니었지만 인테리어에 관해 정말 관심이 많았다. '드로우앤드류' 채널을 운영하던 당시 나만의 작업실이 필요해져, 어느 날 아예 마음먹고 셀프로 나만의 '안전 공간'을 인테리어하는 과정을 영상으로 기록해 유튜브에 올렸다. 나는 이러한 기록을 통해 10만 명이 넘는 사람들을 모았고, 이제는 이 기록들이 인테리어를 향한 나의 진정성을 증명하는 사회적 증거가 되어주고 있다. 이처럼 메시지를 전할 자격은 자신이 살아온 과거, 현재 또는 앞으로 살아갈 미래에서도 찾을 수 있다. 만약 스스로 사회적 증거가 부족한 것 같다면, 우선은 지금 가장 좋아하고 관심이 가는 대상을 꾸준히 기록하는 일부터 시작해보자.

세상과는
어떻게 소통해야 할까

세상에 나의 가치를 알리기 위해 브랜딩 기획도 하고 나의 메시지도 찾았다. 이제 나의 이야기를 할 차례다. 그런데 아무도 나의 이야기를 들어주지 않는다면 어떻게 해야 할까? 냉정하게 들리겠지만, 사람들은 모르는 사람에게 처음부터 관심을 주지 않는다. 따라서 처음에는 사람들에게 호감을 얻는 소통 방식에 대해 고민해야 한다.

처음 보는 사람들 앞에서 오직 자기의 이야기로 호감을 살 수 있는 사람이 얼마나 될까? 물론 그런 재주를 타고난 사람도 있겠지만 그렇지 못한 사람이 대다수일 것이다. 사람들에게 호감을 얻는 소통을 하고 싶다면 먼저 '굿 리스너Good Listener'가 되어야 한다. 현실에서도 먼저 상대방의 이야기를 귀 기울여 듣고 그에 맞는 적절한 반응을 보여야 호감을 살 수 있는 것처럼 소셜미디어의 세계에서도 내 이야기를 들어줬으면 하는 사람들의 이야기를 내가 먼저 들어보는 것이 매우 중요하다. 나는 이걸 '리서치'라고 부른다.

우리가 성장하고자 하는 분야에는 언제나 우리보다 앞서 가고 있는 사람들이 있다. 어쩌면 당신이 이야기하려는 메시지를 이미 전하고 있는 사람도 있을 수 있다. 이때 그들을 경쟁자라고 생각하면 당신은 아주 힘든 싸움을 하게 될지도 모른다. 소셜미디어 안에서는 한 콘텐츠가 인기를 끌면 알고리즘이 그와 비슷한 콘텐츠를 계속 소비자들에게 추천해준다. 이때 나와 비슷한 콘텐츠를 만드는 사람들은 내가 진입하고자 하는 시장을 먼저 개척해주고 사람들의 수요를 증명해준 고마운 사람들이다. 따라서 그들을 통해 배우고 성장하며 함께 파이를 키우려고 해야지, 그들의 파이를 빼앗으려고 해서는 안 된다. 그러니 먼저 그들의 이야기를 경청해보자. 그들의 이야기에 대한 사람들의 반응을 댓글을 통해 살펴보자. 사람들이 어떤 이야기에 공감하는지, 내 콘텐츠는 그들과 어떻게 다르게 만들 수 있을지 고민해보자. 바로 이것이 나를 모르는 사람에게 호감을 얻는 소통 전략이다.

세상에는 전문가처럼 보이려고 노력하는 사람들이 많다. 하지만 소셜미디어는 멀게만 느껴지는 '전문가'보다 친구 같은 '리더'가 더 환영받는 곳이다. 전문가는 가르치려고 하지만 리더는 함께 성장하며 영감을 주는 사람이기 때문이다. 보통 누군가에게 "이렇게 하세요"라고 지시하는 것은 쉽다. 하지만 그런 식의 이야기는 그 순간에만 기억에 남을 뿐 결코 오래가지 못한다. 반면, '영감'은 듣는 사람을 스스로 생각하게 만들고 움직이게 만든다. 따라서 호감을 얻는 소통의 또 다른 전략은 지시를 하는 것이 아니라 영감을 주려고 노력하는 것이다. 자기가 얼마나 잘났는지 말하는 '광고'는 잠깐 반짝일 수 있지만 결국 오래도록 사랑을 받는 건 모든 과정을 공유하는 '드라마'다. 성장하는 과정에서 어떤 문제에 직면했고 그 문제를 어떻게 해결해나갔는지 공유하는 것이야말로 사랑받는 콘텐츠를 만들고 사랑받는 리더가 되는 가장 쉬운 길이다.

사람들의 마음을 사는 마지막 소통 방법은 바로 '일관성'이다. 어느 날 문득 누군가가 당신에게 꽃을 가져다줬다고 치자. 그렇다고 해서 바로 그 사람과 사랑에 빠지지는 않을 것이다. 하지만 그가 아침마다 잘 잤는지 묻고, 겨울에는 따뜻한 음료를 건네고, 매일 1시간 넘게 통화를 하며 당신의 고민을 들어준다면 당신은 비로소 그 사람에게 사랑을 느끼게 될 것이다. 이렇게 오랜 기간 지속적으로 작은 일이 일어나면 관계는 깊어질 수밖에 없다. 소셜미디어에서도 마찬가지다. 사람들의 호감을 얻기 위해서는 콘텐츠를 통해 일관된 모습으로 자주 나타나야 한다. 처음에는 잘해주는 것 같더니 시간이 갈수록 태도가 변하고 예전과는 다른 모습을 보이는 사람을 신뢰할 수 있을까? 내 이야기를 들어주는 사람들에 대한 감사의 마음, 그리고 그들을 대하는 일관된 태도가 선행되어야 사람들의 호감을 얻을 수 있다.

끊임없이 공부하고
끊임없이 제공하자

내가 처음 유튜브를 시작했을 때 나는 단지 인스타그램이라는 플랫폼을 남들보다 조금 더 잘 다루는 사람에 불과했다. 내 짧은 지식이 누군가에게 도움이 될 수 있을 것이라는 생각에 아는 것을 아낌없이 공유했고 그럴수록 사람들은 내게 더 많은 것을 질문했다. 나는 구독자가 2만 명이 될 때까지 DM으로 받은 모든 질문에 일일이 답변했다. 나중에는 시간을 아끼려고 질문자들에게 보이스 메시지를 보냈다. 질문의 양이 감당이 안될 정도로 많아지자 일일이 답장을 하는 대신 공통된 질문들을 뽑아 새로운 영상 콘텐츠로 만들었다. 그러자 그 안에서 사람들이 공통적으로 범하는 실수가 무엇인지 보이기 시작했고, 그 문제를 해결하기 위해 퍼스널 브랜딩이라는 개념을 본격적으로 공부했다.

또한 지금까지 내가 경험하고 공부한 내용을 모두 담은 PDF 전자책을 만들어 다른 전자책의 반도 안 되는 가격에 판매했다. 이 전자책은 판매 시작과 동시에 날개 돋친 듯이 팔렸고 무려 2000개가 넘는 리뷰가 쌓였다. 나중에는 이 전자책의 내용을 활용해 '드로우 마이 브랜드'라는 8개의 영상 시리즈를 기획해 다시 무료로 공개했고, 이 시리즈는 총 누적 조회 수 100만을 기록하며 '드로우앤드류' 채널이 크게 성장하는 계기를 만들어주었다. 나는 나눌수록 더 많은 것을 얻게 되었고, 그것을 다시 세상에 전하자 더 많은 것을 사람들과 나눌 수 있게 되었다.

"성공으로 가는 최고의 방법은 당신이 사랑하는 일을 발견하고 그것을 다른 사람에게 제공할 수 있는 방법을 찾는 것이다."

미국의 유명 방송인 오프라 윈프리가 한 말이다. 나는 이 명언을 그대로 받아들여 삶에 적용했다. 물론 그 과정에서 수많은 어려움과 시행착오를 거쳐야 했지만 내가 사랑하는 일을 지속하기 위한 길이었기 때문에 즐거운 마음으로 이겨낼 수 있었다.

사랑하는 일을 찾고 그것을 콘텐츠로 만들어 공유하는 일은 모든 것에 적용될 수 있다. 그림, 운동, 글쓰기, 요리 등 사소하게 보이는 일들도 어떻게 제공하느냐에 따라 가치를 창출할 수 있다는 뜻이다. 그동안 자신의 비즈니스로 성공한 사업가들을 만나면서 깨달은 사실이 있다. 이들은 무엇을 보더라도 '이런 게 팔린다고?'가 아니라 '이렇게 하면 잘 팔리겠다!'라고 생각하는 습관이 몸에 배어 있었다. 그리고 그들은 그것들을 실제로 세상에 상품으로 제공했다. 세상에는 정말 다양한 사람과 다양한 필요가 존재한다. 그렇다면 대체 그 '필요'를 어떻게 찾아낼 수 있을까? 방법은 아주 간단하다. 앞서 말했듯이, 사람들의 그 필요를 충족시킬 아이디어를 소셜미디어에 무료로 올리면 된다. 만약 공짜로 공유했는데도 소비가 안 된다면 그것은 필요가 충분하지 않다는 명확한 증거다. 반대로 진짜 필요한 아이디어라면 수많은 사람에게 주목받게 될 것이다.

'혼자만 알고 있으면 되지, 내가 아는 정보를 굳이 나눌 필요가 있나요?' 힘들게 얻은 정보를 무료로 제공하는 것이 이상하다고 여겨질 수도 있다. 또 정보를 나눌수록 더 많은 경쟁자가 생기는 것을 두려워하는 사람들도 있다. 하지만 정보에도 '인플레이션'이 있다. 정보의 가치는 시간이 지날수록 반드시 점차 하락한다. 가치가 하락하기 전에 세상에 나누면 영향력과 기회가 생긴다. 『뉴타입의 시대』라는 책에서 저자는 '올드타입은 빼앗고 독점하고 뉴타입은 나누고 공유한다'라고 정의했다. 우리는 모든 것이 공유되고 빠르게 퍼져나가는 시대에 살고 있다. 기술이 발전하면서 누구나 쉽게 정보를 얻을 수 있고 누구나 쉽게 상품을 만들어 판매할 수 있게 되었다. 원한다면 누구나 하루아침에 온라인 상점을 만들어 재고도 없는 상품을 판매할 수 있는 시대다.

이런 시대에는 나 혼자 알고 있다고 해서 그 정보와 지식을 꽁꽁 감추고 있을 것이 아니라, 가급적 많은 사람과 나눔으로써 정보와 지식의 질을 검증받고 더 나은 방향으로 콘텐츠화할 수 있는 방법을 찾아야 한다. 좋아하는 일로 행복하게 돈을 벌고 싶다면 끊임없이 공부하자. 그리고 아낌없이 제공하자. 이것이 당신을 성공으로 안내할 최고의 방법이다.

콘텐츠를 만들기 전에
답해야 할 질문

누구나 볼 수 있는 소셜미디어에 무료로 콘텐츠를 올린다고 해서 사람들이 그 콘텐츠를 소비할 것이라고 생각한다면 큰 오산이다. 만약 당신이 올린 10분짜리 영상을 누군가 봤다면, 그 누군가는 자신의 귀중한 10분어치의 시간과 관심을 당신에게 지불한 셈이다. 시간과 관심은 돈보다 귀한 가치다. 따라서 만약 당신이 본격적으로 퍼스널 브랜딩을 시작하기로 결심했다면 그 시간과 관심의 가치를 소비자에게 돌려줄 수 있는 콘텐츠를 만들어야 한다.

내가 만든 콘텐츠를 더 많은 사람이 소비하게 만들고 싶다면 먼저 두 가지를 절대 잊어서는 안 된다.

첫째, 사람들은 보통 남에게 관심이 없다.
둘째, 사람들은 자신의 이익을 좇는다.

이 두 가지를 반대로 생각하면 어떻게 될까?

사람들은 자신에게 이익을 주는 사람에게만 관심을 갖는다.

우리가 콘텐츠를 만드는 이유는 결국 누군가에게 소비되기 위함이다. 그리고 소비가 되려면 사람들에게 이익을 주어야한다. 어떻게 이익을 줄 수 있을까? 어떤 콘텐츠가 이익을 주는 콘텐츠일까? 이 질문에 답하려면 '제품'과 '상품'과 '작품'의 차이를 이해해야 한다.

- 제품: 원료를 가지고 만든 물건
- 상품: 상거래를 목적으로 만든 물건

- 작품: 예술 창작 활동으로 만든 물건

여기서 '제품'과 '상품'은 언뜻 비슷해 보이지만 결정적인 차이가 있다. 제품은 하나의 목적을 위해 만들어지지만 상품은 소비자를 위해 만들어진다. 예를 들어 공장에서 마우스를 찍어냈다면 이 마우스는 '컴퓨터 사용'이라는 목적을 위해 만들어진 '제품'이다. 하지만 이 마우스에 손목이 안 좋은 사람들을 위한 기능을 더하면 그 마우스는 특정 사람들에게 판매하기 위한 '상품'이 된다.

콘텐츠도 마찬가지다. 팔리는 콘텐츠를 만들고 싶다면 내가 만드는 콘텐츠를 소비할 사람이 누구일지를 정확히 인지하고 그들에게 어떤 이익을 줄 수 있을지를 먼저 고민해야 한다. '살을 빼고 싶다', '돈을 벌고 싶다', '연애를 하고 싶다', '시험에 합격하고 싶다' 등 세상에는 수많은 문제와 필요가 존재한다. 나는 사람들의 어떤 문제를 해결하고 어떤 필요를 채워줄 수 있을까? 바로 여기에서 콘텐츠 기획이 시작되어야 한다.

'드로우앤드류' 채널의 콘텐츠는 '인스타그램을 활용하는 다양한 정보를 제공하는 것'이었다. 처음에는 인스타그램을 할 때 사람들이 가장 어려워하는 것들을 중심으로 콘텐츠를 만들었고, 점차 변화하는 소비자들의 니즈에 맞추어 퍼스널 브랜딩과 자기계발로 주제를 확장해나갔다. '마세슾'의 주요 콘텐츠는 감성 브이로그다. 겉으로는 그저 보기 좋은 영상에 감성적인 음악을 덧붙여 편집한 것처럼 보이지만 사실 그 안에는 셀프 인테리어 정보, 라이프스타일, 취미 생활 등 다양한 가치가 담겨 있다. 같은 소재로 영상을 만들더라도 어떤 사람들을 겨냥할 것인지, 그리고 그들의 어떤 문제를 해결하고 어떤 필요를 채워줄 것인지 고민하는 깊이에 따라 콘텐츠의 방향이 크게 달라질 수 있다. 절대 아무런 기획 없이 콘텐츠를 찍어 올려서는 안 된다.

여기에서 또 한 가지 주의해야 할 것은 작품을 만들면서 상품이라고 착각해선 안 된다는 점이다. 혹은 상품을 만들겠다고 하면서 작품을 만드는 것도 안 된다. 상품이 타깃 고객을 위해 만들어진 것이라면 작품은 나의 만족을 위해서 만들어진 것이다. 출발점부터가 전혀 다르다. 가령 공장에서 찍어낸 마우스에 내가 좋아하는 그림을 그린다면 그건 나를 위한 작품이지 다른 사람들을 위해 만들어진 상품이 되기는 어렵다. 물론 그 작품을 좋아하는 사람들이 생겨난다면 팔리는 콘텐츠가 되겠지만 예술을 하더라도 사람들이 공감할 수 있어야 콘텐츠로 소비될 수 있다. 대중성을 갖춘 상업 예술이 가장 먼저 문화의 중심이 되는 것처럼 말이다. 따라서 무엇을 만들지 고민하기 전에 누구를 위한 콘텐츠를 만들 것인지 생각하자.

구독자의
진심 어린 충고

나는 한때 좋은 정보를 전달하는 것만으로도 좋은 콘텐츠가 될 수 있다고 생각했다. 처음 유튜브를 시작했을 때 가장 반응이 좋았던 주제는 인스타그램 성장 전략과 팁을 알려주는 영상들이었다. 나는 사람들이 조금이라도 더 쉽게 이해할 수 있도록 여러 예시를 들어가며 정성껏 설명했지만 종종 이런 댓글이 달리곤 했다.

"서론이 기네요. 세 줄 요약 좀."

"결론 = 03:55(핵심 내용이 담긴 영상 구간 태그)."

나는 그런 댓글을 볼 때마다 '사람들은 내 이야기보다는 콘텐츠 안의 정보만 원하는구나' 하는 생각에 마치 공장에서 제품을 찍어내듯 짧고 간결하게 정보성에만 초점을 맞춘 콘텐츠를 만들어냈다. 하지만 시간이 지날수록 구독자 수는 조금씩 늘어났지만 그에 비해 영상의 평균 조회 수는 오히려 점점 줄어들었다. 슬럼프에 빠진 나는 마음을 비우고 내가 가장 잘할 수 있는 일에 집중하기로 했다. 그렇게 만든 콘텐츠가 '밀레니얼 후배의 앞서가는 비밀 노트'라는 제목의 브이로그 영상이었다. 이전에 올렸던 영상들과 다른 형식이기에 구독자들이 과연 어떻게 반응할지 살짝 걱정이 되긴 했지만 '스토리텔링'의 힘을 믿어보기로 했다. 첫 영상이 올라간 날, 처음부터 조회 수가 올라가진 않았지만 댓글 수가 눈에 띄게 증가하기 시작했다. 나는 그 이유를 한 블로그 글에서 찾을 수 있었다.

군이 '드로우앤드류' 채널을 보지 않아도 책을 찾아보거나 인터넷에 검색을 하면 '이키가이'의 개념을 쉽게 찾아볼 수 있다. 하지만 드로우앤드류가 이야기하는 이키가이가 마음에 와닿았다. 자신의 이야기를 예시로 보여주고 그 결과를 바로 확인할 수 있었기 때문이다. 처음에는 짧게 요약한 강의 같은 영상들이나 자극적인 제목에 끌려서 그의 채널에 들어왔다. 그런데 시간이 지날수록 새로 올라온 영상에 내가 궁금해하는 내용이 있어도 볼지 말지 고민이 됐다. 재미 요소는 적고 유익하기만 해서 교육 방송을 보는 것 같았기 때문이다. 그러다 얼마 전부터 내용이 부드러워지고, 새로운 형식을 시도하는 영상이 올라와서 예전의 드로우앤드류를 다시 만난 것 같아 내심 반가웠다.

1~2개의 영상만 본 게 아니라 아주 오랜 시간 동안 내 유튜브 채널을 지켜본 구독자만이 해줄 수 있는 진심 어린 피드백이었다. 이 글을 보고 나는 머리를 강하게 얻어맞은 것 같았다. 나는 그동안 누구를 위해서 영상을 만들고 있었던 걸까? 구독자의 말이 맞았다. 내가 나누는 지식이나 정보는 다른 곳에서도 충분히 찾아볼 수 있다. 그런데도 사람들이 굳이 내 영상을 보는 이유는 내가 이야기를 전달하는 방식을 좋아했기 때문이었다. 영상을 제작하는 것에만 너무 몰두한 나머지 가장 중요한 요소인 '스토리텔링'을 놓치고 있었던 것이다.

채널 운영 초창기에 만든 영상들은 내가 직접 경험한 이야기와 그에 관한 진솔한 생각이 많이 담겨 있다. 시청자들의 이해를 돕기 위해 비유법, 직유법, 의인화 등 다양한 수단을 동원하기도 했다. 그 덕분에 영상의 길이는 조금 길었지만 드로우앤드류만의 방식으로, 드로우앤드류만의 이야기를 전할 수 있었다. 구독자의 진심 어린 충고를 접한 뒤 나는 '밀레니얼 후배의 앞서가는 비밀 노트' 시리즈를 더욱 공들여 제작하기 시작했고 이 시리즈의 조회 수는 점점 늘어나 '드로우앤드류' 채널에서 가장 높은 조회 수를 기록한 시리즈 중 하나가 되었다.

쌈밥집을 운영하다 실수로 햄을 써는 육절기를 구매해 대패 삼겹살을 발명하게 된 백종원 대표, 아버지가 운영하던 강아지 공장의 강아지들이 너무 불쌍해서 결국 반려견 전문가가 된 강형욱 훈련사, 음대를 졸업한 뒤 수강생 200명의 피아노 학원 원장에서 스타 강사가 된 김미경 대표의 '이야기'도 마찬가지다. 이처럼 이야기는 사람들을 콘텐츠에 오래 머물게 하고 몰입하게 만드는 가장 효과적인 기술이다. 인간의 본능은 이야기에 흥미를 갖도록 설계되어 있기 때문이다. 이야기는 머릿속에 남아 오래도록 기억되고, 사람들의 입에서 입으로 전해지면서 더 큰 힘을 발휘한다. 그러니 콘텐츠를 기획할 때 나의 메시지가 어떤 이야기와 연결될 때 가장 큰 힘을 발휘할 수 있을지 생각하자.

다양한 콘텐츠와 플랫폼으로
세계관을 확장하자

만약 내가 인스타그램 인플루언서로 안주했다면 지금의 '드로우앤드류'와 '마세슾'이 존재할 수 있었을까? 오프라인에서 나는 한 명의 사람에 불과하지만 온라인 세계에서는 유튜브를 포함해 인스타그램, 블로그 등 수많은 플랫폼에 동시에 존재한다. 누가 뭐라고 해도 소셜미디어는 우리 시대에 가장 강력한 마케팅 도구이기 때문이다. 따라서 퍼스널 브랜딩의 힘을 확장하기 위해서는 하나의 플랫폼에서만이 아니라 다양한 플랫폼에서 여러 형식으로 콘텐츠를 만들어 올려야 한다. 이때 플랫폼의 특성을 잘 활용해야 한다.

나는 유튜브 채널 '드로우앤드류'에 새로운 영상을 올리면 그 내용을 바탕으로 '카드뉴스'나 '인스타툰'을 만들어 인스타그램 계정에 공유한다. 또 그 내용을 글로 정리해 블로그에 올리기도 한다. 내가 다양한 플랫폼에 동시다발적으로 올린 콘텐츠들은 자연스럽게 다른 블로그나 인스타그램, 트위터 등에 재생산되어 공유된다. '마세슾' 또한 유튜브에 영상이 올라가면 세로형의 짧은 영상으로 재편집해 인스타그램에 공유한다. 이렇게 하나의 이야기를 여러 형태의 콘텐츠로 재가공해 다양한 소셜미디어에 공유하면 브랜드 영향력을 더욱 빠르고 넓게 확장시킬 수 있다.

콘텐츠의 시작이 언제나 영상일 필요는 없다. 영상을 제작하는 것이 부담된다면 우선 글부터 쓸 수도 있다. 그렇게 작성한 글에 사진이나 그래픽 자료를 추가해 블로그 콘텐츠를 발행할 수도 있고, 좀 더 공을 들인다면 카드뉴스를 만들어 인스타그램 콘텐츠를 만들어볼 수도 있다. 여기에 조금 더 시간과 노력을 투자할 수 있다면, 작성된 글을 스크립트로 활용해 영상을 촬영하고 자막과 배경 음악을 삽입하는 편집 과정을 거쳐 유튜브 콘텐츠를 업로드할 수 있다. 하나의 소재로 벌써 세 가지 플랫폼의 콘텐츠가 자동으로 제작되는 셈이다.

물론 유튜브, 인스타그램, 블로그만이 정답은 아니다. 중요한 것은 나의 가치를 세상에 알리는 것이지 스스로를 유튜버, 인스타그래머, 블로거 등 하나의 정체성에 국한시킬 필요는 없다. 내가 언급한 플랫폼 외에도 이미 많은 소셜미디어 플랫폼이 존재하고 있으며, 앞으로 그 종류는 더 다양해질 것이다. 소셜미디어 도구는 어디까지나 나를 세상에 알리고 연결시키는 도구일 뿐이다. 그러니 나의 가치를 세상에 알릴 수 있는 곳이라면 어디든 도전하자.

1000명의 친구를 만들면
벌어지는 일

'1000명의 팬 이론'은 콘텐츠를 만드는 사람이라면 많은 도움
이 될 이론이다.

- 1000명의 팬 이론:
  나를 열렬히 좋아하는 진성 팬 1000명만 있다면 먹고사는
  데 충분한 돈을 벌 수 있다.

여기서 말하는 '진성 팬'이란 단순히 나를 팔로우하는 사
람을 의미하지 않는다. 나의 여정을 언제나 함께하고, 내가 판

매하는 상품을 기꺼이 구매하고, 내가 채널을 옮겨도 묵묵히 따라오는 사람들이다. 만약 당신에게 1000명의 진성 팬이 있고 그들만 볼 수 있는 콘텐츠를 제공하는 대가로 매달 1만 원의 구독료를 받는다고 가정하자. 진성 팬이라면 한 달에 1만 원 정도를 지불할 용의는 있을 것이다. 그럼 당신은 가만히 앉아서 매달 1000만 원을 버는 것이다. 연봉으로 따지면 1억 2000만 원이고 이는 근로소득 상위 5퍼센트 안에 드는 높은 수익이다. 구독료 1만 원이 비싸다면 5000원으로 낮춰보자. 그래도 매달 500만 원이라는 수익을 창출할 수 있다.

나는 지금 '오늘 당장 1000명의 진성 팬을 만들어 월 1000만 원을 벌자!'라고 주장하는 것이 아니다. 꼭 엄청나게 유명해지지 않더라도 좋아하는 일을 하며 행복하게 먹고살 수 있다는 사실을 말하고 싶은 것이다. 어쩌면 진성 팬 300명을 모으는 것만으로도 하고 싶지 않은 일이 가득한 회사 생활에서 벗어날 수 있을지도 모른다. 전 세계의 유튜브 사용자가 20억 명이 넘는다. 인스타그램 사용자는 약 10억 명이다. 이 중 0.1퍼센트만 확보해도 각각 200만 명, 100만 명이다. 이 세계에서 나를 좋아하는 사람이 단 0.0001퍼센트도 없을까? 1000명은 누구나 노력 한다면 충분히 달성 가능한 숫자다.

실제로 다수의 구독자와 팔로워를 확보한 인플루언서들과 이야기를 나누다 보면 그들에게서 알게 모르게 자신감이 느껴진다. 자신이 어떤 프로젝트를 하든 항상 지지하고 응원할 사람들이 있기에 그 어떤 상황에서도 당당하고 떳떳한 것이다. 일종의 '믿는 구석'이랄까? 그래서 많은 전문가가 '1000명의 팬 이론'을 이야기하며 팔로워들을 '팬'으로 만들라고 이야기한다. 하지만 나는 여기에 더해 단순히 팬이 아니라 '친구'를 만들어볼 것을 추천한다.

친구 사이는 스타와 팬의 사이처럼 일방적인 관계가 아니다. 처음에는 그 사람의 장점이나 자신과의 공통점에 끌리겠지만 그것이 없어져도 그 사람 자체가 좋아서 어울리는 관계가 진짜 친구다. 그러니 소셜미디어의 사람들을 마치 당신의 잠재적인 팬처럼 대하지는 말자. 그들에게 존중하는 마음으로 다가가 공감을 나눌 수 있는 친구가 되어 관심과 진심으로 소통하

자. 그러면 그들도 당신의 성장을 진심으로 응원하는 좋은 친구가 되어줄 것이다. 그렇게 만든 1000명의 친구가 1000명의 팬보다 더 오래, 더 많은 사랑을 보내줄 것이다.

만약 지금까지의 방법으로 친구를 만들었다면 다음과 같은 결과들이 순서대로 일어날 것이다.

첫째, 당신의 분야에 관해 경험과 지식이 쌓일 것이다.

둘째, 사람들의 관심을 받을 것이다.

셋째, 네트워크가 넓어지면서 사회적 인맥이 형성될 것이다.

넷째, 커뮤니케이션 스킬이 높아질 것이다.

다섯째, 다양한 기회가 찾아올 것이다.

여섯째, 언제나 자신감이 넘치고 자기 주도적으로 행복하게 일하는 사람이 될 것이다.

마지막으로, 리더십이라는 책임감을 갖게 될 것이다.

이 모든 과정을 거치고 나면 당신에게는 당신을 응원하는 사람과 따르는 사람들이 생길 것이고, 그 안에서 당신의 영향력 또한 점점 커지는 것을 느낄 것이다. 그리고 그 영향력에 따른 책임감으로 더 좋은 콘텐츠를 만들어야 한다는 부담감도 생길 것이다. 하지만 너무 걱정할 필요는 없다. 다음의 다섯 가지를 잊지 않는다면 성숙하고 지혜롭게 커뮤니티를 이끌어나갈 수 있을 것이다.

첫째, 콘텐츠에 달린 모든 댓글을 자세히 살펴본다.

둘째, 댓글에 자신의 관점과 의견을 담아 새로운 대화를 시작한다.

셋째, 댓글 안에서 반복되어 나오는 이야기를 소재로 자신만의 콘텐츠를 만든다.

넷째, 자신의 분야에 대해 꾸준히 공부하면서 더 많이 읽고, 더 많이 보고, 더 많이 듣고, 그 결과를 글로 써본다.

다섯째, 눈앞의 숫자에 연연하지 말고 이 모든 과정을 반복한다.

주인공에게는
언제나 시련이 있기 마련이다

"소셜미디어가 청년들의 인생을 망친다." 지난 2020년 넷플릭스에서 제작한 「소셜 딜레마The Social Dilemma」라는 제목의 다큐멘터리가 큰 화제가 된 적이 있다. 페이스북, 인스타그램, 트위터 같은 실리콘밸리 IT 회사에서 일했던 직원들이 소셜미디어의 어두운 면을 이야기하는 내용의 이 다큐멘터리를 본 사람들은 아마 소셜미디어가 삶의 독이라고 생각할지도 모르겠다. 나 또한 얼마 전까지만 해도 남들의 인스타그램 계정을 보면서 열등감과 질투심을 느꼈던 사람이었으니 말이다.

하지만 모든 것에는 양면성이 존재한다. 우리가 아플 때 먹는 약은 우리의 병을 고쳐주는 좋은 발명품이지만 그 약을 남용했을 때는 부작용이 발생한다. 총은 강도가 사용하면 사람을 죽이는 흉기로 쓰이지만 군인이 사용하면 우리의 안전을 책임지는 무기가 된다. 매년 수많은 사람이 자동차 사고로 사망한다. 그렇다면 모든 자동차를 없애고 타지 말아야 할까? 기술의 발전에는 언제나 장점과 단점이 공존했다. 소셜미디어를 어떻게 사용할 것인지에 초점을 맞춰야지, 소셜미디어 자체를 부정하는 것은 어리석은 발상이다. 소셜미디어는 잘못이 없다. 그걸 잘못 사용하는 사람들이 문제일 뿐이다.

앞서 말했듯 나도 처음에는 소셜미디어에 대해 부정적인 생각을 가지고 있었다. 화려한 타인의 SNS 계정을 보며 상대적 박탈감을 느껴본 적이 있는 사람이라면 모두 공감할 것이다. 하지만 소셜미디어를 바라보는 관점을 바꾸고, 이를 똑똑하게 사용하려고 마음먹자 SNS는 자존감을 갉아먹는 플랫폼이 아니라 내 가치를 세상에 알리는 강력한 도구가 되었다. 그리고 다행히 소셜미디어는 내 인생을 망치지 않았다. 오히려 정반대였다. 나는 세상에 전하고 싶은 이야기가 너무 많았다. 내가 어떻게 이 불공평한 세상을 나에게 유리하게 바꾸었는지, 무기력에서 벗어나 내 삶의 주인공으로 살게 되었는지 말하고 싶었다. 내 작은 이야기가 누군가의 삶에 도움이 되었으면 하는 순수한 마음이었다. 그래서 유튜브를 시작했고 사람들에게 내 경험과 고민을 전하기 시작했다.

하지만 내 이야기를 모두가 공감하고 좋아할 수는 없었다. 의도와는 다르게 내 이야기를 왜곡하는 사람도 있었고, 노골적인 비난과 인신공격을 하는 사람도 있었다. 이런 댓글을 처음 봤을 때는 정말 유튜브를 그만둘까 진지하게 고민하기도 했다. '내가 이걸 계속 감당할 수 있을까? 여기서 멈추는 게 맞지 않을까?' 혼자서 고민하던 나는 친구에게 속마음을 털어놓았다. 친구는 내게 이렇게 말해줬다. "네가 사람들에게 자신의 가치를 찾고 그것을 알리도록 도와주는 건 정말 멋진 일이라고 생각해. 네가 계속해서 사람들을 도와주고 싶다면 그 일을 계속해. 하지만 세상에는 언제나 부정적인 사람들이 있어. 네가 무언가를 바꾸려고 할 때마다 그들은 너를 미워하는 짓을 멈추지 않을 거야. 그러니 선택해. 너는 누구를 위해 존재할 거야?" 그 친구의 말이 맞았다. 나는 나를 비판하는 사람들을 위해 존재하고 싶지 않았다.

남의 시선을 의식하느라 정작 내가 하고 싶은 일을 끊임없이 유예하며 시작조차 못 하는 것만큼 불행한 삶이 또 있을까? 나는 그때부터 내가 하는 일에 부정적인 영향을 주는 것이 있다면 잡초처럼 과감히 뽑아버리기 시작했다. 그리고 그 빈자리를 감사와 긍정적인 생각으로 채우려고 노력했다. 이것이 결국은 다른 사람이 아닌 나의 행복을 위해 내가 해야 할 유일한 일이었다. 그리고 그렇게 단호하게 행동할수록 내 주변에는 나를 응원하고 지지하는 동료들이 더 많이 생기게 되었다.

괜찮아. 우리의 삶에는 당연하게도 악역이 있어. 왜냐면, 우리는 주인공이거든.

동료 유튜버이자 친구인 이연 작가가 악플로 고민하는 내게 해준 말이다. 이는 단지 유튜버들에게만 국한된 위로는 아닐 것이다. 언제 어디서든 우리의 일을 방해하거나 평가하는 사람이 늘 생기기 마련이다. 그런 시선이 두려워 내가 하고 싶은 일을 그만둘 것인지, 아니면 그 시선을 무시하고 오롯이 내 행복에만 집중할 것인지는 본인이 선택해야 할 몫이다. 이 세상은 결국 자신의 행복을 위해 일하는 사람이 이기는 게임이라고 생각한다. 그래서 지금도 나는 내 일을 하고자 수많은 부정적인 것과 싸우고 있다. 지치고 힘들 때마다 나는 이 과정 또한 내 미래의 성공 스토리를 더욱 흥미롭게 만들어줄 재밌는 에피소드라고 생각하기로 했다.

할리우드 영화만 보더라도 주인공은 언제나 힘든 시련을 겪는다. 그 시련을 이겨내는 과정이 영화를 더 박진감 넘치고 짜릿하게 만드는 중요한 역할을 한다. 회사에서 하루아침에 해고 통지를 받았을 때, 무기력에 빠져 하루하루 힘든 시간을 보냈을 때, 비자가 거절되어 모든 것을 포기하고 한국으로 돌아와야 했을 때…. 이 모든 순간이 당시에는 정말 견딜 수 없이 힘들었다. 하지만 그 시간들이 있었기에 지금 내가 만들고 있는 작은 성공들이 더욱 멋지게 빛나고 있다고 생각한다. 혹시 지금 힘든 시기를 보내고 있는가? 괜찮다. 그 시련이 언젠가 당신의 성공을 더욱 빛나게 해줄 에피소드가 될 테니까. 잊지 말자. 당신의 삶에 큰 시련이 닥쳐왔다면 그것은 당신이 주인공이라는 증거다.

밀레니얼 후배의

앞서가는 비밀 노트

시작하지 못하는

진짜 이유

미국에서의 마지막 회사를 퇴사하던 날, 집으로 돌아와 여행을 준비했다. 5년간의 타지 생활을 정리하고 그동안 고생한 나를 응원하는 방법으로 여행만 한 것이 또 있을까? 바로 다음 날 새벽에 차를 끌고 평소 꼭 가보고 싶었던 요세미티 국립공원으로 향했다. 사실 이야기는 많이 들었지만 정확히 어떤 곳인지는 전혀 알지 못했다. 아무런 계획 없이 숙소만 하나 겨우 예약하고 길을 떠났다. 공원에 도착하고 나서야 요세미티 계곡 안에서는 전화와 인터넷이 잘 터지지 않는다는 사실을 알게 되었을 정도로 나는 사전 조사를 전혀 하지 않았다. 다행히 공원 입구에서 가져온 지도가 있어서 길을 찾는 일이 크게 어렵지는 않았다. 호기롭게 신발을 갈아 신고 물과 간식을 배낭에 챙겨 길을 나섰다. 지도를 펼쳐 가장 가까운 트레일을 찾아 무작정 하이킹을 시작했다.

시작부터 길이 가팔랐다. 분명 표지판에는 요세미티 폭포로 가는 길이라고 써 있었는데 가도 가도 폭포가 보이지 않았다. 고개를 넘으면 또 다른 고개가 나타났다. 나는 그제야 이 길이 폭포를 감상하는 길이 아니라, 폭포 정상으로 올라가는 길이라는 사실을 깨달았다. 중간에 포기할까 잠시 고민했지만 이미 반 이상 올라온 상태였고, 회사에서 독립한 후 내가 처음으로 도전한 목표를 중간에 포기하면 앞으로의 도전에서도 쉽게 포기할 것 같아서 이를 악물고 끝까지 올라갔다. 가벼운 마음으로 점심 시간 전에 내려오고자 시작했던 하이킹이었는데 결국 5시간이 걸려서야 겨우 정상에 도착할 수 있었다. 신고 갔던 운동화는 밑창이 다 해졌고, 무릎과 발목은 퉁퉁 부은 데다가 새끼발톱은 까맣게 멍이 들었다.

나중에 숙소로 돌아와 인터넷으로 찾아보니 내가 처음으로 선택한 그 트레일은 북미에서 가장 높고 세계에서 무려 다섯 번째로 높은 폭포의 정상까지 올라가는 하이킹 트레일이라는 어느 블로그 게시물이 나왔다. 그 블로그에는 '어퍼 요세미티 폭포 트레일Upper Yosemite Falls Trail'이라고 불리는 이 트레일이 초보자에게는 절대 추천하지 않는 코스이며, 반드시 하이킹 전용화를 신고 충분한 물과 간식을 챙겨 가야만 하는 코스라고 적혀 있었다. 나는 그런 길을 겁도 없이 동네 뒷산에 올라가듯 뉴발란스 운동화만 신은 채 올라갔던 것이다. 그것도 사과 하나, 에너지바 하나, 생수 하나만 달랑 들고서 말이다. '원효대사 해골 물'이 따로 없었다.

지금 생각하면 참 어리석은 행동이었지만, 돌이켜보면 아무것도 모른 채 시작한 덕분에 정상에 오를 수 있었던 것은 아닐까? 만약 내가 처음부터 그 트레일이 얼마나 높고 험한 길인지 알았더라면 아마 겁부터 먹고 시작조차 하지 못했을 것이다. 혹여나 그 길에 올랐더라도 중간에 힘이 부칠 때면 이런 생각을 하며 포기했을 것이다. '북미에서 가장 높은 폭포라더니 정말 힘드네. 역시 무릎 수술을 두 번이나 한 내게는 무리였어!' 만약 이렇게 위안 삼으며 다시 숙소로 돌아갔다면 나는 요세미티 폭포 정상에 올라섰을 때의 벅찬 감동과 아름다운 경치를 평생 경험하지 못했을 것이다.

이처럼 '아는 것'의 힘은 강하다. 아는 만큼 보이기 때문이다. 우리는 무언가를 시작할 때 보통 그 일이 얼마나 어려운지부터 알아보려고 한다. 알고 시작하면 더 잘할 수 있을 것 같지만 실상은 전혀 다르다. 때로는 '아는 것'이 우리를 시작조차 하지 못하게 만드는 장애물이 되고, 그 일을 쉽게 포기하게 만드는 좋은 핑곗거리가 되기도 한다. 실패하는 것보다는 차라리 시작도 안 하고 핑계를 대는 쪽이 훨씬 편하기 때문이다. 목표를 향한 우리의 여정 앞에는 언제나 여러 장애물이 놓여 있을 것이다. 너무 많은 생각을 하느라 시작부터 어렵게 만들 필요는 없다. 내가 오르고자 하는 길을 선택했다면 생각은 잠시 꺼두고 일단 시작하자. 내가 오를 수 있는지, 없는지는 다른 사람이 써놓은 블로그에서가 아니라 스스로 부딪혀 판단하자.

산 중턱에서 만난
노부부

다음 날 요세미티의 아침이 밝았다. 전날 무리하게 산을 오른 탓에 다리가 저려왔지만 오히려 '더 높은 곳도 오를 수 있다'는 자신감이 붙었다. 겁이 없어진 나는 요세미티 국립공원에 있는 모든 트레일 코스를 완주하겠다는 각오로 사람들을 제쳐가며 빠르게 앞으로 나아갔다. 길을 가다 보니 멀지 않은 곳에 바위 언덕 하나가 눈에 들어왔다. 가뿐히 올라갔다 내려올 수 있을 것 같아 성큼성큼 걸어 오르기 시작했다. 거친 숨을 놀아쉬며 언덕을 오르다 문득 고개를 들어보니 저 멀리 내 앞을 걸어가는 두 사람이 보였다. '어서 저 사람들을 제치고 앞서가야지!'

나는 빠르게 그들의 뒤를 쫓아갔다.

어느덧 그들과 가까워진 나는 이내 발걸음을 멈췄다. 가까이서 보니 그 두 사람은 노부부였고 할아버지는 등에 산소통을 멘 채 할머니의 손을 잡고 힘겹게 한 걸음, 한 걸음 산을 오르고 있었다. "오늘 날씨가 참 좋네요." 할머니는 내게 반가운 인사를 건넸다. 머리가 잠시 멍해졌다. 그리고 고개를 들어 주위를 돌아보니 그제야 주변 경치가 눈에 들어오기 시작했다. 정상에 오를 생각에만 집중하느라 요세미티의 아름다운 경치를 제대로 감상하지 못하고 있었던 것이다. 그 순간 나 자신이 바보처럼 느껴졌다. 무엇이 그렇게 급했던 걸까? 좀 더 올라가 언덕 꼭대기에 도착해 자리를 잡았다. 언덕 위에서 바라본 요세미티의 전경은 참 아름다웠다. 그렇지만 내 기억 속에 더 선명하게 남아 있는 풍경은, 아주 느린 발걸음이었지만 서로의 손을 꼭 잡은 채 함께 언덕을 오르는 노부부의 모습이었다. 나는 그들이 언덕 꼭대기에 오를 때까지 조용히 한참을 바라봤다.

한국에 돌아와 취업 대신 사업을 시작하며 6개월 만에 1억

원을 벌게 되었다. 미국에서 늘 부러워만 했던 '억대 연봉'이 이제 내 이야기가 되었다. 유튜브 구독자 10만 명을 달성하고 실버버튼도 받았다. 텔레비전에서만 보던 유명한 사람들을 실제로 만났고 수많은 언론사와 인터뷰를 했다. 50평대의 한강뷰 작업실도 생겼고 부모님께 새 차도 선물해드렸다. 내가 오래도록 꿈꾸던 것들이 모두 이루어지고 있었다. 하지만 그런 행복감도 잠시, 내가 생각했던 것보다 빠르게 찾아온 성장만큼이나 그 후유증도 예상보다 일찍 찾아왔다. '나는 이제 무엇을 위해 살아야 할까? 무엇을 위해 열심히 노력해야 할까?' 내가 꿈꾸던 일들을 모두 해내고 나니 갑자기 삶의 방향을 잃은 것 같았다. 나를 설레게 하던 것들에 점점 무덤덤해지기 시작할 때쯤 마음에 불안이 찾아왔다. 어서 빨리 새로운 목표를 정하고 다시 달려나가야 할 것 같은데 어디로 가고 싶은지조차 정하지 못한 채 지체되고 있는 기분이었다. 그때 불현듯 요세미티에서 만난 노부부가 떠올랐다.

'맞아, 정상에 오르는 것보다 그 과정이 즐거운 거였어.'

처음 8평짜리 작업실을 얻어 사업을 시작했던 순간, 매일 어머니가 싸준 도시락을 들고 1시간씩 걸어 작업실로 출퇴근하던 날들, 모든 일을 혼자서 처리하며 마치 소꿉놀이를 하듯 동분서주하던 시간들이 떠올랐다. 쉼 없이 달려오느라 돌아보지 못했던 날들이었다. '나 진짜 열심히 살았구나. 그래, 어떤 산을 오를지 다시 천천히 생각해보자.' 5년 전 바닷가에서 스스로에게 물었던 때처럼 나는 다시 나와의 대화를 시작했다. 그 길고 긴 대화 끝에 나는 내가 원하는 또 다른 목표를 찾을 수 있었고 무기력에서 벗어나 설레는 마음으로 다시 도전을 시작할 수 있었다. 그 새로운 도전은 나의 두 번째 채널 '마세슾'이 되었다.

산을 오르다 보면 고개를 넘게 된다. 나는 그것이 정상인 줄 알았다. 하지만 주위를 둘러보니 또 다른 길이 보였고 어디로 가야 할지 몰라 잠시 무기력에 빠지기도 했다. 그럴 때는 잠시 앉아 내가 어떤 산을 오르고 싶은지 다시 한번 충분히 고민해도 좋다. 그사이 구름이 걷히고 내가 못 본 또 다른 산이 보일 수 있으니까 말이다. 퇴사 후 떠난 첫 여행에서 나는 앞으로 인생을 살아가는 데에 필요한 몇 가지 교훈을 배울 수 있었다.

하고 싶은 일이 있다면 너무 많은 생각을 하지 말고 일단 시작할 것, 그리고 빠르게 정상에 오르는 데만 집착하지 말고 그 과정 자체를 여유롭게 즐길 것.

우리는
스스로 믿는 만큼만 성장한다

지난 과거를 떠올리면 나는 '스스로 믿었던 만큼'만 성장했던 것 같다. 회사 안에서 디자이너로 일할 때는 스스로를 디자이너라는 프레임 안에 맞춰 일을 했고 그 안에서의 성장만을 꿈꿨다. 회사 밖에서 인스타그램과 유튜브를 통해 어느 정도 성과도 내고 성장도 이루었지만 내 정체성은 여전히 디자이너였다. 그러다 우연히 한 유명 래퍼의 강연 영상을 통해 '자기 암시의 힘'에 대해 알게 되었다. 평소 자기주장이 강하기로 소문난 그의 자신감이 대체 어디에서 나오는 것인지 궁금해 그의 글과 영상을 진지하게 들여다보기 시작했다. 나중에는 그가 유튜브에 올린 자기 암시 음원을 들으며 매일 아침 그의 말을 따라 말하기까지 했다.

"나는 엄청난 그릇을 가진 사람이야."
"나는 무엇이든 해내."
"나의 집중력은 놀라워."

처음에는 어색했지만 자기 확신에 찬 메시지를 입으로 내뱉으며 내 안에서 무언가가 꿈틀거리는 것을 느꼈다. 나중에는 내가 원하는 삶의 방향에 맞춰 나만의 자기 암시 리스트를 적고 내 목소리로 직접 녹음한 음성 파일을 만들어 매일 듣기 시작했다. 이 작은 습관은 나의 정체성을 완전히 뒤바꿨다. 늘 회사에 속한 사람으로만 살았던 내게 더 큰 세상으로 나아갈 수 있다는 자신감을 심어주었고, 평범하게만 느껴졌던 내 삶도 특별해질 수 있다는 가능성을 일깨워주었다. 늘 다른 사람의 이야기를 들으며 동경만 하던 나는 이 자기 암시 습관을 통해 삶의 멋진 주인공으로 살아갈 수 있다는 용기를 얻었다.

"나는 특별한 사람이야. 나는 내 삶의 주인공이야. 나는 뭘 해도 되는 사람이야. 나는 사람들의 영감이야. 나는 성공한 사람이야. 나는 대체될 수 없는 사람이야. 나는 사람들을 이끄는 리더야."

그렇게 자기 암시를 시작한 지 1년이 지나고 놀랍게도 내 입으로 매일 내뱉었던 말들이 현실이 되어가는 것을 경험했다. 전혀 특별할 것 없던 내가 특별해지고, 남을 위해서만 일하던 내가 내 삶의 주인공이 되고, 실패만 하던 내가 뭘 해도 되는 사람으로 변하면서 어느새 누구보다 강력한 자기 확신을 갖게 되었다.

우리는 스스로 믿는 만큼만 성장한다. 생각이라는 것은 참 무섭다. 어떤 생각을 하며 사느냐에 따라 성장할 수도 있고, 퇴보할 수도 있기 때문이다. 나는 지금도 매년 새해가 되면 그해의 목표에 맞춰 새로운 자기 암시 리스트를 만든다. 모든 일을 스스로 결정하고 혼자 감당해야 하는 지금, 자기 암시는 그 어떤 때보다 내게 가장 유용한 도구다. 내가 잘할 수 있을까? 내가 선택한 이 길이 맞는 길일까? 지금도 의심이 들 때면 나는 언제나 이어폰을 귀에 꽂고 자기 암시를 한다.

꿈꾸는 삶이 있다면 지금 노트를 펴고 이런 문장을 만들어 보자.

나는 좋아하는 일로 행복하게 일한다.

나는 특별하고 멋진 사람이다.

나는 대체될 수 없는 사람이다.

나는 내 삶의 주인공이다.

나는 매일 발전한다.

나는 도전을 두려워하지 않는다.

나는 늘 올바른 결정을 내린다.

나는 모든 문제의 해결책을 가지고 있다.

나는 마음먹으면 무슨 일이든 해낼 수 있다.

나는 지금 필요한 모든 걸 갖췄다.

나는 오늘도 행복한 하루를 시작한다.

나는 나를 믿는다.

"나는 _____ 다."

그리고 이 문장들을 매일 읽고 스스로에게 말하자. 우리는 스스로 믿는 딱 그만큼만 성장한다.

자기 확신은
어디에서 올까

회사 밖으로 나와 혼자서 일을 하다 보면 수많은 선택을 스스로 해야 한다. 그리고 그 결정에 대한 책임을 혼자 짊어져야 할 때가 많다. 열심히 기획한 콘텐츠의 조회 수가 생각만큼 잘 나오지 않을 때도 있고, 지난달보다 소득이 크게 줄어들 때도 있다. 열심히 준비한 프로젝트가 막판에 엎어지는 경우도 숱하다. 이런 과정을 겪다 보면 내가 가고 있는 길이 맞는 길인지 의심이 드는 순간이 반드시 찾아온다. 이런 의심에 빠질 때 가장 필요한 것이 '자기 확신'이다. 스스로를 믿으면 실패에 대한 두려움 없이 자신이 선택한 일을 빠르게 행동으로 옮길 수 있다. 낮아진 조회 수를 신경 쓰기보다는 다른 콘텐츠를 기획하는 데 시간을 더 쓰고, 줄어든 월 소득을 계산하거나 엎어진 일에 연연하기보다는 새로운 프로젝트를 준비하는 데 에너지를 쏟는다. 이런 빠른 피보팅(Pivoting, 전환)은 스스로에 대한 확신을 통해 만들어진다. 이와 반대로 스스로에 대한 확신이 없으면 자신이 선택한 결정을 계속 의심만 하다 결국 시간만 낭비하게 된다.

내가 유튜브 채널에 첫 영상을 올린 때는 2018년 12월이었다. 하지만 유튜브 채널을 운영하겠다고 준비하기 시작한 때는 2018년 1월이었다. 2018년에 내가 사용하던 플래너의 1월 칸에는 이런 메모가 적혀 있었다.

"유튜브 콘텐츠 아이디어 찾기."

1월에 이미 유튜브 채널을 운영하기 위한 준비 계획을 세워놨지만 같은 해 12월이 될 때까지 무려 1년에 가까운 시간 동안 나는 시작조차 못 했던 것이다. 그동안 수많은 아이디어를 생각했지만 '이게 잘될까? 잘 안될 것 같은데…' 하는 의심이 나를 망설이게 만든 것이다. 3년이 흐른 지금, 내게는 총 2개의 유튜브 채널과 3개의 인스타그램 계정이 있다. 유튜브 채널은 모두 합치면 구독자가 40만 명이 넘고, 인스타그램 계정은 각각 7만 명, 3만 명, 1만 명의 팔로워를 확보하게 되었다. 하나의 채널도 성장시키기 힘든데 5개의 채널을 모두 성장시킨 나를 보며 사람들은 실행력이 좋다고 이야기한다. 하지만 나는 유튜브를 시작하겠다고 계획만 해두고 실제로 실행에 옮기기까지 1년이나 걸렸을 정도로 게으른 사람이었다. 이랬던 내가 남들이 깜짝 놀랄 정도로 빠르게 생각을 행동으로 옮기게 된 것은 나 자신을 전적으로 믿기 시작하면서부터다.

그렇다면 자기 확신을 키우기 위해 우리는 무엇을 해야 할까? 가장 빠른 방법은 '작은 성공을 여러 번 경험하는 것'이다. 하지만 그 작은 성공조차 아직 경험하지 못한 사람은 어떻게 해야 할까? 다른 사람의 확신을 이용하면 된다. 인생의 중요한 결정을 앞뒀을 때 이미 성공한 사람들의 발자취를 따라가며 그들의 선택을 참고하는 것이다. '아, 그들도 나처럼 힘든 시절이 있었구나. 하지만 포기하지 않고 계속 도전했구나. 그럼 나도 언젠가는 저들이 밟은 정상에 오를 수 있겠지?' 마치 초행길에서도 내비게이션을 믿고 자신 있게 운전을 하는 것처럼 말이다. 내가 닮고 싶은 멘토를 만나는 것이 가장 좋은 방법이지만 그럴 여건이 되지 못한다면 그 사람의 이야기를 들을 수 있는 강연이나 책을 통해 귀중한 인사이트를 얻을 수 있다.

내가 가장 신뢰하는 온라인 멘토는 게리 바이너척Gary Vaynerchuk이다. 바이너척은 '게리비'라는 이름으로 활동하며 전 세계 젊은이들에게 기업가 정신을 심어준 인물이다. 나는 2년 간 그의 팟캐스트를 매일 들었다. 출근할 때도, 일을 할 때도, 점심 식사를 하고 산책을 할 때도 그의 이야기를 들으며 그가 지나온 길을 따라가기 시작했다. 여기서 중요한 것이 바로 남을 쉽게 판단하는 습관을 경계하는 것이다. 남을 판단하는 일은 참 쉽다. 하지만 누군가에 대한 섣부른 판단은 우리의 무의식에 각인되어 스스로를 판단하는 족쇄가 되기도 한다. 예를 들면, 어느 날 우연히 본 누군가의 그림을 보고 "저걸 그림이라고 그린 거야?"라고 무시하기는 참 쉽다. 하지만 직접 그림을 그리려고 펜을 쥐어보면 자기가 과거에 내뱉은 비난이 무의식에 남아 족쇄가 되기도 한다. '나도 제대로 못 그리면 어떡하지?' 혹시 당신도 타인에 대해 무심코 내뱉은 말이나 섣부른 판단 때문에 자신의 무언가를 남들에게 보여주기도 전에 혼자 폐기한 적은 없는가? 누군가의 성공에 열등감을 느끼며 내뱉는 말들은 결국 자신에게 돌아와 성공을 방해하는 장애물이 된다.

'쟤는 날 때부터 잘났기 때문에 저렇게 성공했을 거야.'
'나는 학력도, 스펙도 안 좋아서 이 모양 이 꼴로 사는 거야.'
'나 같은 사람은 유튜브나 인스타그램을 해도 아무도 찾아
오지 않을 거야.'

게리비는 굉장히 솔직하고 거침없는 사람이다. 워낙 자신의 생각을 직설적으로 이야기하다 보니 그의 유튜브 영상을 본 사람들 중 일부는 그를 사기꾼이라고 비방하기도 한다. 같은 영상을 보며 성장한 나로서는 도저히 이해할 수 없는 일이지만, 누군가는 그의 믿을 수 없는 승승장구를 바라보며 열등감과 질투심을 느꼈을 것이다. 하지만 이 질투라는 감정을 그 사

람을 판단하는 분노의 원료로 사용할 것이 아니라 나의 성공을

위한 열망의 원료로 삼아보는 것은 어떨까?

열등감과 질투심을
똑똑하게 이용하는 법

내 열정을 아낌없이 쏟을 분야를 찾았다면 아마 그 길 위에는 언제나 나보다 더 앞서가고 있는 사람들이 있을 것이다. 그리고 자기보다 잘나가는 사람을 보면 누구나 열등감과 질투심을 느끼게 된다. 나도 그런 부정적인 감정을 쉽게 느끼는 사람이었다. 어린 시절에는 이런 감정을 느끼는 것조차 너무 창피해 겉으로는 아닌 척하며 속으로는 자기혐오에 빠졌던 적도 많았다. 하지만 과거를 되돌아보았을 때 나를 성장시켰던 것은 칭찬이나 위로가 아니라 열등감과 질투심이었다.

이 두 감정은 욕망이 보내는 신호와 비슷하다. 내가 원하는 모습과 내 실제 모습이 서로 다를 때, 격차가 클 때 느끼는 결핍의 감정이기 때문이다. 따라서 삶의 방향을 잃었을 때 이 감정들을 따라가다 보면 결국 지금 내게 무엇이 부족하고 무엇을 더 열심히 노력해야 하는지를 알 수 있다. 열등감과 질투심도 똑똑하게 활용하면 나를 성장시키는 중요한 재료로 쓸 수 있는 것이다. 이 활용법은 모두 세 가지로 이루어져 있다. 첫째, 질투의 대상과 이유를 분명히 할 것. 둘째, 그들이 있는 곳으로 갈 것. 셋째, 그들과 나의 차이점을 구체화하여 좁혀나갈 것.

나는 해외 유학생들만 보면 괜히 나보다 다 잘나 보이고 모든 면에서 샘이 났다. 이 감정에 집중할수록 나는 내가 질투하는 구체적인 대상이 '해외에서 일하는 디자이너'라는 것을 깨닫게 되었다. 그 무렵 우연히 지원한 인턴십을 통해 그들이 있는 미국에 가자 그들과 나의 차이는 극명해졌다. 나는 영어 실력도 부족했고 학벌·경력·인맥 등 모든 것이 그들보다 한참 뒤처져 있었다. 그때부터 나는 그들과 나의 차이점이 무엇인지 파악해 그 사이를 좁혀나가기 위해 최선을 다했다. 그러자 신기하게도 그들 중 절반 정도는 따라잡을 수 있었다. 이제 어디 가서 "저 미국에서 디자이너로 일하는데요?"라고 말할 수 있게 된 것이다.

시간이 흘러 이제 내 질투의 대상은 '인스타그램 인플루언서'로 바뀌었다. 내가 질투하는 대상이 명확해졌으니 이제 그들이 있는 곳으로 가야 했다. 그래서 그들이 존재하는 인스타그램에 들어가 그들과 나의 차이점이 무엇인지 분석하기 시작했다. 그들이 올린 게시물 개수, 영상과 사진의 종류, 글을 쓰고 소통하는 방식까지 그들과 나의 차이점을 찾아 좁혀나갔다. 그러자 어느새 나도 그들이 있는 위치까지 올라갈 수 있게 되었고, 자연스레 인스타그램 인플루언서들에 대한 부정적인 감정도 조금씩 사그라들기 시작했다.

그리고 이제 또 다른 질투의 대상이 보이기 시작했다. 자신만의 이야기로 사람들의 마음을 움직이는 사람들이었다. 그런데 그들 대다수는 유튜브에 있었다. 나는 그들이 있는 곳으로 가기 위해 유튜브를 시작했고, 또다시 그들과 나의 차이점을 구체화하여 좁혀나가기 시작했다. 2년이 지나자 재밌는 일이 생겨났다. 처음 해외에서 일하는 디자이너들을 쫓아갔을 때는 그들 중 절반 정도만 따라잡을 수 있었는데, 나중에 인스타그램 인플루언서들을 쫓아갔을 때는 그들 모두와 비슷해졌다. 그리고 이제 유튜버들을 쫓아갔더니 그들을 넘어서기까지 한 것이다.

우리가 시기하고 부러워하는 대상은 의외로 우리 가까이에 있다. 아마존의 CEO 제프 베이조스Jeff Bezos처럼 터무니없이 멀리 있는 사람에게는 그런 감정을 느끼지 않기 때문이다. 그래서 나는 오늘도 내가 어디로 가야 할지 헷갈릴 때 내게 열등감과 질투심을 주는 사람이 누구인지 찾는다. 그들에게서 배우고, 그들이 가진 무기를 내 것으로 만드는 데 집중한다. 혹시 당신도 누군가가 한없이 부럽고 스스로가 초라하게 느껴진다면, 기뻐해도 좋다. 어쩌면 그들 덕분에 스스로에 대해 더 잘 알게 되고, 더 나아가 그들보다 앞서갈 수도 있을 테니까 말이다. 절대 늦었다고 생각하지 말자. 주인공은 언제나 맨 마지막에 등장하는 법이니까.

자신감의 크기는
평소에 결정된다

피겨 여왕 김연아 선수가 밴쿠버 올림픽에서 금메달을 딴 뒤 출연한 방송에서 이런 이야기를 한 적이 있다.

"올림픽 금메달을 목표로 지금까지 달려왔지만, 그날의 내가 주인공이 아니더라도 받아들일 준비가 되어 있었다."

김연아 선수는 올림픽을 한 날 앞둔 시섬에 발목 부상을 당해 2주 정도 운동을 쉬었다고 한다. 하지만 그녀는 '믿음이 있었다'고 말했다. 그동안 선수 생활을 하며 수없이 많은 고비가 있었고, 이번 시련 역시 그중 하나일 뿐이라고 생각했기 때문에 전혀 불안하지 않았다고 담담히 말했다. 당시 그녀의 나이는 스물한 살에 불과했다. '어떤 고비가 와도 평소처럼만 하면 이겨낼 수 있다'는 스스로에 대한 믿음. 나는 그날 방송에서 보여준 그녀의 '믿음'이 그동안 꾸준히 쌓아온 연습과 노력이 누적된 결과였다고 생각한다. 올림픽 무대와 비교할 순 없겠지만 나도 강연에 서거나 방송에 출연하거나 매체와 인터뷰를 할 때면 스스로에 대한 믿음이 절실해지곤 한다.

한번은 김미경 대표님의 초대로 오프라인 강연을 함께한 적이 있다. 평소 너무 존경하던 분과의 강연이라서 그랬을까? 잘해야겠다는 욕심이 커졌고, 멋진 이야기를 전해야 한다는 생각에 그동안 한 번도 꺼낸 적이 없는 이야기를 준비해 갔다. 강연 전날에는 준비한 이야기를 하나도 빼놓지 않고 말하기 위해 대본을 달달 외웠다. 하지만 이런 벼락치기 같은 준비는 나를 더 불안하게 만들었다. 내가 잘해낼 수 있을까? 스스로에 대한 믿음 없이 올라간 강연은 시작부터 삐걱거렸다. 준비한 이야기를 빠짐없이 이야기하려고 손에 든 대본을 중간중간 계속 내려

다봤더니 흐름이 끊어지고 머리가 새하얘졌다. 다행히 너그러운 관객들의 응원을 받으며 준비한 강연은 무사히 마쳤지만 스스로 너무 부끄러웠다. 강연을 망친 것보다 스스로에 대해 믿음을 갖지 못한 나 자신이 참 바보같이 느껴졌다.

무언가에 대해 내가 꾸준히 공부하고 고민했다면, 그리고 그것을 꾸준히 콘텐츠로 만들었다면 나는 불안하지 않았을 것이다. 평소 사람들과 자주 소통하며 그들이 가진 문제에 대한 해결책을 연구했다면 그 어떤 질문이 와도 잘 답변할 수 있지 않았을까? 만약 내가 강연을 망친다면 그건 내가 그 자리에 설 자격이 없다는 뜻이고, 사람들의 비판을 겸허히 수용해 다음번에 더 잘할 수 있도록 노력하면 그만이다. 그 뒤부터 나는 강연이나 인터뷰를 준비할 때 너무 많은 시간을 쏟지 않는다. 그 대신 평소 그 일들에 대한 연습을 꾸준히 한다. 연습이라고 해서 특별한 것은 없다. 책을 읽고 리서치를 하고 꾸준히 콘텐츠를 만드는 것. 그것이 내가 하는 일에 대한 믿음을 키울 수 있는 유일한 방법이기 때문이다.

"앤드류 님, 이거 잘될까요?" "그럼요. 당연히 잘되겠죠. 내가 하는 건데. 하하!" 내가 팀원들에게 자주 하는 농담이다. 내가 정말로 그렇게 될 것이라고 확신해서, 내 능력을 자만해서 이렇게 이야기하는 것은 결코 아니다. 내 입으로 뱉은 그 말에 책임을 지라고 스스로에게 외치는 말이다. 그러니 평소에 잘하자. 스스로에 대한 믿음의 크기는 평소에 결정된다.

그건 열정이 아니라
잠깐 반짝이는 아이디어야

한때 매우 열정적인 한 청년에게 수차례 이메일과 DM을 받은 적이 있다. 그는 내가 유튜브에 올린 영상을 통해 배운 것으로 꼭 패션 인플루언서가 되겠다며 고맙다는 인사를 건넨 뒤 자신의 인스타그램을 봐달라고 부탁했다. 나는 짧은 응원의 답장을 보낸 뒤 그의 인스타그램 계정에 들어가봤다. 그의 계정 피드에는 5~6개의 사진이 올라와 있었다. 조금 어설프기는 했지만 그가 좋아하는 일을 하며 성장하는 모습을 지켜볼 생각에 부푼 기대를 안고 그 친구를 팔로우했다. 하지만 그의 사진은 그날 이후 더 이상 올라오지 않았다.

이 청년 말고도 많은 사람에게 비슷한 이메일과 댓글, DM을 수도 없이 받았지만 같은 상황이 반복됐다. 인플루언서가 되고 싶은 사람, 자신만의 브랜드를 만들고 싶은 사람, 비즈니스를 시작하고 싶은 사람 등 남녀노소 구분 없이 모두 처음에는 열정이 가득한 것처럼 보였다. 하지만 그들이 열정이라고 말했던 모습은 그리 오래가지 못했다.

왜 우리의 열정은 끓어오르다 금방 식어버리는 것일까? 그건 진짜 열정이 아니라 반짝이는 아이디어에 불과했기 때문이다. 누구나 인기 많은 인플루언서가 되고 싶어 한다. 그리고 그 꿈을 이룰 수 있는 반짝이는 아이디어를 떠올린다. 하지만 거기에 필요한 시간과 노력을 투자하는 것까지 좋아하는 사람은 드물다. 누구나 억대 소득을 꿈꾸지만 거기에 따르는 스트레스와 리스크를 감당하는 것까지 좋아하지는 않는다. 많은 사람이 자신의 이름을 딴 브랜드를 만들고 싶어하지만 고객들의 요구를 맞추는 데 온 힘을 쏟고 싶어하지는 않는다.

인플루언서가 되고 싶다던 그 친구는 지금 무엇을 하고 있을까? 그는 잠깐 아이디어가 끓어오른 것이지 열정이 끓어오른 게 아니었다. 반짝이는 아이디어를 좋아하는 것과 아이디어를 실현하는 일을 좋아하는 것은 전혀 다른 영역이다. 우리가 열정이라고 착각하는 것들은 실제로 생각하는 것만큼 화려하지 않다. 처음에 느끼는 설렘이 사라지고 나면 지루한 작업에 직면해야 한다. 꿈을 이루는 건 끈기다. 열정은 그렇게 쉽게 끓어오르지 않는다.

"너는 열정과 씨름하는 게 아냐. 참을성과 씨름하는 거야."
나의 온라인 멘토 게리 바이너척이 자신에게 하소연하는 어린 학생에게 해준 충고다. 꽤나 많은 사람이 열정을 부정한다. 열정을 믿지 않거나 열정을 따라가는 건 미련한 짓이라고까지 이야기한다. 하지만 그들이 말하는 열정의 정의는 잘못됐다. 열정의 문제가 아니다. 참을성의 문제다. 내 유튜브 영상을 본 사람 중 대다수는 아마도 인플루언서가 되어 인기를 얻고 돈을 버는 결과만을 좋아할 것이다. 하지만 그렇게 되기까지 반드시 서쳐야 하는 과정이 존재한다. 그 과정마저 좋아하는 사람은 생각보다 많지 않다.

"저는 패션을 좋아합니다. 그래서 패션 인플루언서가 되고 싶은데 사진 찍고 SNS에 공유하는 걸 즐기는 편은 아니라서요…." 이 말은 마치 다이어트는 하고 싶지만 식단 조절과 운동은 하고 싶지 않다고 말하는 것과 비슷하다. 패션을 좋아하는 것과 패션 인플루언서가 되는 것은 다르다. 달콤한 결과를 원한다면 그 과정을 꿋꿋이 견디는 자세가 필요하다. 사람마다 상황이 다르겠지만, 경험과 자본이 부족하다면 좋아하는 일로 결과를 만들어낼 때까지 남들보다 훨씬 더 많은 시간과 노력을 쏟아야 할 것이다. 그리고 시간과 노력을 들인 것에 비해 생각만큼 결과가 나오지 않으면 쉽게 '낙담의 골짜기'에 빠지게 될 것이다. 우리가 성장하는 과정은 우리가 기대하는 모습과는 완전히 다르기 때문이다.

내가 유튜브를 처음 시작했을 때도 마찬가지였다. 겉에서 보면 꾸준히 성장한 것처럼 보이겠지만 내게도 실은 1년의 정체기가 있었다. 올리는 영상마다 조회 수는 저조했고 구독자 수는 제자리에 있었다. 솔직히 그런 상황이 지겹고 괴로웠지만 나는 영상 만드는 일을 멈출 수 없었다. 이게 내가 하고 싶은 일이고 열정이었기 때문이다. '어떤 섬네일이 사람들의 흥미를 유발할 수 있을까?' '어떻게 시청 지속 시간을 늘릴 수 있을까?' 계속해서 더 새롭고 재밌는 콘텐츠를 만들고자 고민하고 노력했다. 달콤한 결과보다 과정에 집중할 때 진짜 열정이 빛을 발한다. 내가 유튜브 채널의 오랜 정체기를 무사히 지날 수 있었던 것은 미지근히 달아오른 내 열정 덕분이었다. 절대로 잠깐 반짝이는 아이디어를 열정이라고 착각하지 말자. 진짜 열정은 그렇게 한순간에 끓어오르지 않는다. 아주 천천히 달아오른다.

원하는 삶의 모습에
가까워지려면

내게 자기계발은 부자가 되는 지름길도 아니고, 운을 끌어모으는 성공법도 아니다. 나는 노력의 영역에서 꾸준히 행동한 사람에게만 운이라는 기회가 찾아온다고 생각한다. 계속해서 인생이라는 게임의 레버를 당기는 사람만이 잭팟을 터뜨리는 '럭키 드로우'처럼 말이다. 따라서 내게 자기계발은 하루아침에 벼락처럼 성공을 안겨주는 도구가 아니라, 내가 원하는 삶에 하루하루 가까이 다가가는 과정 그 자체다.

원하는 삶에 다가서려면 우선 지금의 내 상태와 원하는 삶의 모습이 무엇인지 구체적으로 그려야 한다. 성공한 사업가가 되고 싶다거나, 멋진 근육질 몸매를 갖고 싶다거나, 유명한 예술가가 되고 싶다거나…. 내가 원하는 사람의 모습과 지금 현재의 내 모습이 얼마나 다른지를 이해하고 그 거리를 매일매일 조금씩 좁혀나가는 것이다.

대부분의 경우 자신이 원하는 삶과 현재 삶의 모습이 많이 다를 것이다. 그 차이가 클수록 우리는 '꿈이 크다'고 이야기하며, 따라서 이 원대한 꿈을 이루려면 처음부터 모든 것을 완벽하게 준비해야 한다며 스스로를 몰아붙인다. 그러나 이런 '완벽주의'야말로 자기계발을 시작조차 못 하게 만드는 가장 큰 장애물이다. 사람마다 성격이나 환경이 모두 다르듯이 자기계발의 방식도 저마다 다를 수밖에 없다. 따라서 우리에게 진짜로 필요한 것은 의지력에 대한 맹신이나 자기 착취적인 목표 설정이 아니라, 내가 원하는 삶에 실질적으로 도움이 될 자기계발 수단을 찾아내 목표와 연결되게 만드는 것이다.

모든 사람이 새벽에 일어날 필요도 없고, 남들이 읽는다고 해서 굳이 베스트셀러를 읽을 필요도 없다. 억지로 모닝 루틴을 만들거나 1시간씩이나 명상을 할 필요도 없다. 크게 도움이 되는 것 같지도 않으면서 자기 암시에 연연할 필요는 더더욱 없다. 다만, 내가 원하는 삶을 위해 새벽 시간이 필요한지, 어떤 책이 도움이 되는지, 어떤 루틴과 마음가짐이 시급한지 스스로 정확히 이해해야 지속 가능한 자기계발을 실천할 수 있다.

내가 원하는 삶에 다가가는 과정은 총 여섯 단계로 이루어진다. 첫째는 내가 가진 문제점을 찾는 것이다. 둘째, 그 문제점의 현재 상태를 분석한다. 셋째로 해결책을 찾은 뒤 넷째, 그 해결책을 테스트한다. 다섯째, 결과를 분석해 점수를 매겨본다. 마지막으로 여섯째, 해결책의 효과가 증명되면 그 해결책을 표준화시킨다. 이때 노트나 포스트잇을 이용해 각 단계를 눈에 잘 보이게 구현해놓으면 계획을 더 효과적으로 관리할 수 있다. 앞으로는 이런 식으로 자신의 문제점을 발견하자. 그 문제점을 해결하는 프로젝트를 성공적으로 끝냈다면, 아직 해결하지 못한 또 다른 문제점을 찾고 그것을 개선할 수 있는 방법을 찾아보자.

- 1단계: 내가 가진 문제점 찾기

- 2단계: 그 문제점의 현재 상태 분석하기

- 3단계: 해결책 찾기

- 4단계: 찾은 해결책 테스트하기

- 5단계: 결과 분석 후 점수 매기기

- 6단계: 해결책 표준화시키기

유튜브 채널의 정체기가 찾아왔을 때 내가 가진 가장 큰 문제점은 조회 수였다(1단계). 나는 가장 먼저 현재 상태를 분석했고(2단계), 내가 올리는 영상의 노출 클릭률과 시청 지속 시간이 낮다는 것을 알게 되었다. 이를 보완하기 위한 해결책으로 섬네일과 제목의 문구들을 수정하고 영상의 구성을 고민하기 시작했다(3단계). 여러 섬네일과 제목을 달아보고 영상 앞부분에 하이라이트를 추가하고 전체적으로 더 촘촘하게 편집한 뒤 '노출 클릭률'과 '시청 지속 시간'이 높아지는지 테스트를 해보았다(4단계). 데이터를 확인하니 섬네일과 제목이 개선된 이후 노출 클릭률이 10퍼센트 가까운 수치로 올라갔고, 시청 지속 시간도 40퍼센트대로 상승했다(5단계). 이렇게 찾아낸 방법을 채널 운영 전반에 활용했더니 영상 조회 수도 점점 높아지기 시작했다(6단계).

나는 이 과정에서 배운 것들을 토대로 '밀레니얼 후배의 앞서가는 비밀 노트', '디어 마이 투웨니즈', '드로우 마이 브랜드', '그린룸 토크' 등 내 채널에 큰 성장을 불러온 시리즈 콘텐츠들을 기획할 수 있었다. 이것이 달콤한 결과가 아닌 과정에 집중하는 나의 자기계발 방법이다.

어떤 일이든

되게 하는 사람이 있다

지금까지 내가 만나본 '일 못하는 사람들'의 특징 중 하나는 "그냥"과 "어렵다"라는 말을 자주 한다는 것이다. 함께 일하던 어느 후배 디자이너가 있었다. 그녀가 자신이 디자인한 작업물을 내게 가지고 왔다. 나는 그 작업물을 살펴보면서 몇 가지 질문을 던졌다.

"여기는 왜 이렇게 디자인했어?"

"그냥 이렇게 하면 예뻐 보여서요."

그래픽 디자이너로서 '그냥 예뻐 보여서'라는 그녀의 대답은 무척 책임감 없는 태도라는 생각이 들었다. 디자인은 내 만족을 위해 만드는 작품이 아니다. 시각적인 문제를 디자인으로 해결하는 것이 디자인의 본질이다. 나는 그녀에게 문제를 해결하는 관점으로 다시 디자인을 해볼 것을 요청했다. 그러자 몇 분 뒤 그 후배 디자이너가 다시 내게 와서 이야기했다.

"제가 맡은 업무가 너무 어려워요."
"그럼 일을 안 하겠다는 거야?"

'어렵다'는 말은 무슨 뜻일까? 그만큼 공부가 되어 있지 않다는 뜻이다. 시험공부를 열심히 한 학생에게는 시험 문제가 쉬울 것이고 시험공부를 게을리한 학생에게는 시험 문제가 어려울 것이다. 이처럼 리서치를 제대로 하면 해결하지 못할 문제는 없다. 문제 해결이 어렵다는 것은 리서치를 제대로 안 했다는 뜻이다. 어떤 문제에 대해 그저 "어렵다"라고 이야기하는 것은 미성숙한 태도다. 이는 일뿐만 아니라 콘텐츠를 만드는 데에도 적용된다. 내가 누구를 위해 어떤 가치를 제공할지 충분히 고민한 사람은 콘텐츠를 '그냥' 만들지 않는다. 또한 '어렵다'는 말로 무책임하게 핑계를 대지 않는다.

나와 함께 일하는 세진 PD는 경제학을 전공한 사람이다. 나와 일하기 전까지 영상 제작은 단 한 번도 해본 적이 없었다. 그가 처음 출근했을 때 나는 앞으로 사용해야 할 편집 프로그램의 이름 정도만 알려주었다. 그는 한 달 만에 영상 편집을 독학해 혼자서 영상 제작을 도맡아 진행할 수 있을 정도로 성장했다. 인턴으로 처음 일을 시작한 성지 PD도 처음에는 내가 알려주어야 할 것이 많았다. 하지만 그녀는 처음 해보는 일이 주어지면 언제나 '배워보겠다'고 답하며 주어진 일 이상의 결과물을 가져와 나를 놀라게 했다. 그뿐만 아니라 영상 기획에도 함께 참여하며 내 유튜브 채널의 평균 조회 수를 세 배나 끌어올리기까지 했다. 그 뒤로 들어온 주혁 작가도 마찬가지였다.

앞으로 팀원을 뽑을 때도 나는 기술이 아니라 일에 대한 태도를 가장 중요하게 생각할 것이다. 기술은 내가 얼마든지 가르쳐줄 수 있지만 태도는 스스로 갖추지 않으면 그 누구도 알려줄 수 없기 때문이다. 나를 포함해 나와 함께 일하는 팀원들 모두 지금 하는 일이 처음이었다. 리더라는 사람은 리더가 처음이었고, 영상 PD는 영상 제작이 처음이었고, 마케터는 마케팅이 처음이었다. 하지만 우리는 어떤 일이든 되게 하는 사람들이었다. 적어도 해보지도 않고 어렵다고 하는 사람은 아니었다. 그리고 아무리 사소한 일도 그냥 하지 않았다. 이것이 특별한 기술이나 경력이 없었음에도 우리가 그토록 짧은 시간 안에 최대한의 성과를 낼 수 있었던 단 하나의 이유다.

기술보다는
감각을 키우자

최근 코딩을 배우는 사람이 많아졌다는 기사를 접한 적이 있다. IT 산업이 발달하면서 개발자의 수요가 크게 증가했고 그에 따라 개발자들의 연봉이 높아졌기 때문이라고 했다. 고액 연봉을 받는 직종에 사람들이 모이는 건 어쩌면 당연한 일이다. 나도 한때 같은 고민을 한 적이 있었다. 디자이너로 일하던 시절, UX 디자이너들과 3D 디자이너들이 높은 연봉을 받는 것을 보고 나도 그쪽으로 전향을 준비하기 위해 학원을 알아보기도 했다. 하지만 리서치를 하면 할수록 내가 좋아하는 일과는 거리가 멀었다. 그저 조금 더 높은 연봉을 받기 위해 내가 하고 싶지도 않은 일의 기술을 배우고 싶지는 않았다.

게다가 기술은 누구나 돈과 시간만 들이면 배울 수 있기 때문에 수요에 맞춰 공급이 충족된다면 몸값은 자연히 낮아질 게 분명했다. 예전에는 포토숍이나 일러스트레이터 같은 디자인 프로그램들이 디자이너의 전유물이었지만 지금은 누구나 인터넷에 올라온 무료 강의 동영상으로 디자인 프로그램을 배워서 활용할 수 있다. 또한 꼭 전문 디자인 프로그램이 아니더라도 디자인을 쉽게 할 수 있는 툴들이 보급되면서 디자인을 전공하지 않은 사람도 누구나 쉽게 디자인을 할 수 있는 시대가 되었다. 이런 시대에 기술은 더 이상 중요한 요소가 되지 못한다. 『일을 잘한다는 것』이라는 책에서 저자는 이런 말을 했다. "오늘날의 IT 기술은 일반적인 업무를 수행하는 개개인에게 특별한 기술 습득을 요구하지 않는다. 컴퓨터나 모바일 기기를 통해 누구나 편리하고 쉽게 사용할 수 있도록 기술이 계속 발전하고 있기 때문이다."

그렇다면 요즘 시대에 일을 잘한다는 것은 무엇일까? 나는 그것을 감각이라고 부른다. 아무리 뛰어난 포토숍 기술을 가지고 있어도 디자인 감각이 없으면 아무 소용이 없는 것처럼 말이다. 넓은 주방에서 비싼 요리 기구를 가지고도 요리를 못하는 사람이 있는가 하면 다이소 프라이팬 하나로 감동을 주는 요리를 하는 사람이 있다. 비싼 명품 옷을 입고도 태가 안 나는 사람이 있는가 하면 동대문에서 저렴하게 산 옷을 입고도 자신의 취향을 멋지게 드러내는 사람이 있다. 비싼 카메라를 쓴다고 콘텐츠를 잘 만들까? 아니다. 스마트폰 하나로도 100만 명의 구독자를 거느린 유튜버가 될 수 있다. 이처럼 일을 잘하는 사람은 기술이나 툴에 집착하지 않는다. 그들은 오직 감각을 키우는 데에 관심이 있다.

내가 '마세슾'을 시작할 때 이미 나는 100개 이상의 영상을 만든 경험이 있었다. 메인 채널 '드로우앤드류'는 200만 원이 넘는 카메라를 포함해 조명과 마이크 등 여러 가지 전문 장비를 사용했지만, 오히려 '마세슾' 영상을 찍을 때는 오로지 스마트폰 하나를 이용해 모든 콘텐츠를 촬영했다. '드로우앤드류'의 영상들은 대부분 3일이 넘는 시간을 들여 만들었지만 '마세숲'의 영상들은 단 하루 만에 촬영과 편집을 모두 끝냈다.

상대적으로 훨씬 더 예술적인 연출이 필요한 '마세숲' 영상 촬영을 이토록 수월하게 마친 비결은 무엇이었을까? 그건 기술이 아니라 감각이었다. 나는 스마트폰을 활용해 빠르게 영상을 만들 수 있는 시스템을 구축함으로써 수많은 일정으로 바쁜 와중에도 매주 '마세숲' 채널에 영상을 올릴 수 있었다. 이전에 100개 이상의 영상을 만들어본 감각 덕분인지 '마세숲' 채널은 메인 채널의 홍보 없이도 빠르게 구독자가 늘기 시작했고, 10개의 영상만으로 구독자 10만 명 채널이 되었다.

아쉽게도 감각은 카메라를 구매하듯 쉽게 구할 수 있는 것이 아니다. 타고난 사람이 아니라면 하루아침에 만들어지는 것도 아니다. 감각은 그 일을 얼마나 많이 해봤는지에 달려 있다. 10가지 상품을 팔아본 사람과 100가지 상품을 팔아본 사람 중 누가 더 장사를 잘할까? 당연히 100가지의 상품을 팔기 위해 수도 없이 사진을 찍고 온갖 상세 페이지를 만들고 다양한 사람들과 마케팅을 해본 사람이 훨씬 장사를 잘할 것이다. 그러니 기술을 배우는 것에 목을 맬 필요는 없다. 도전하고 싶은 일이 있다면 일단 최소한의 기술만 배우고 나머지 시간은 감각을 키우는 데 투자하자. 그게 최고가 되는 길은 아닐지라도, 성공으로 가는 가장 빠른 길이다. 그러니 일단은 시작하고 보자. 지금 당장!

우리는 이미
모든 해답을 가지고 있다

처음부터 쉬운 일은 아니었다. 나를 드러내고, 나의 꿈을 말하고, 사람들에게 나의 이야기를 전하는 것이 쉽지만은 않았다. 한국에서 태어나서 자란 나는 대개 그렇듯 '관계주의'를 당연하게 여겼다. '우리 집', '우리 학교', '우리 동네' 등 '나'보다는 '우리'라는 말이 익숙했다. 그렇게 나는 가족, 학교, 동아리, 학원 등 '그룹 안에 속한 나'로 스스로를 인지해왔다. 학교를 졸업하고 직장 생활을 할 때도 마찬가지였다. 회사 안에서는 동료들과 시간을 보냈고 회사 밖에서는 늘 친구들과 어울렸다. 그 덕분에 공동체 안에서 따듯한 정을 느끼고 협력하여 문제를 해결하는 법은 배웠지만, 정작 내가 무엇을 좋아하고 어떤 일을 하고 싶은지 탐색할 기회는 얻지 못했다. 내게 주어진 조건 안에서, 그저 남들이 하는 대로, 부모님과 선생님이 시키는 대로 매사 최선을 다했지만 정작 그 일을 왜 해야 하는지를 깊게 생각할 기회가 없었다.

20대에 시작한 해외 생활은 내게 혼자 있는 시간의 중요성을 일깨워줬다. 한국에서 살 때는 가족, 친구, 공동체에 의해 내가 사는 공간, 오늘 먹을 음식, 주말에 할 일 등이 자연스럽게 결정됐지만 아무 연고도 없는 타지에서는 모든 일을 나 혼자 결정해야 했다. 나는 그 과정에서 스스로에 대해 많은 것을 알게 됐다. 그동안 좋아한다고 생각했던 일이 그룹에 속하기 위해 어쩔 수 없이 선택한 일인 경우도 있었고, 그동안 관심도 없었던 일이 새롭게 보이기도 했다. 새로운 세상이 펼쳐진 것만 같았다. 혼자가 되고 나니 비로소 나에 대한 깊은 탐구가 가능해진 것이다.

20대 후반까지도 나는 마음이 괴로울 때가 많았다. 시간은 빠르게 흘러가는데 여전히 불투명한 미래에 대한 불안감이 나를 하루하루 힘들게 했다. 친구가 많지 않던 나는 혼자 해변에서 스케이트보드를 타는 것이 유일한 낙이었다. 어느 날 스케이트보드를 타다 모래사장에 앉아 멍하니 바다를 바라보았다. 고요한 파도 소리를 듣고 있자니 복잡했던 마음이 차분해졌다. 그러자 그동안 마음속에 방치한 이야기들이 쏟아져 나오기 시작했다.

'너는 행복한 삶을 살고 있니?'
'지금 너를 가장 힘들게 하는 게 뭐야?'
'요즘 누가 제일 부러워?'

처음에는 혼자 묻고 답하는 게 어색했지만 내 주위에는 아무도 없었다. 내가 무슨 말을 하더라도 듣는 사람은 오로지 나뿐이었다. 그래서 솔직하게 대답할 수 있었다. 어떻게 시작됐는지조차 모르는 이 대화를 통해 나는 내가 진짜 원하는 삶의 모습을 온전히 들여다볼 수 있었다. 특히 평소에 사소하다고 여겼던 일이나 잊고 있던 작은 사건이 실은 내게 큰 의미가 있었음을 깨달았다. 어쩌면 이 모든 일이 지금의 나를 만들어준 것인지도 모른다.

내가 과거에 무슨 일을 했고 현재는 어떤 일에 관심이 있으며 미래에는 어떤 꿈을 꾸고 있을지 내가 아니면 아무도 궁금해하지 않는다. 사람마다 중요하게 생각하는 가치가 다르듯 성공의 기준도 모두 다르다. 자신만의 기준을 정확히 알고 있는 것과 모르는 것은 하늘과 땅 차이다. 목표를 이루고 더 나은 삶을 살기 위해서는 내가 원하는 것이 무엇인지 분명히 깨달아야 한다. 그리고 그 절대적인 기준은 나 자신이어야 한다. 이는 자신과의 진솔한 대화를 통해서만 알 수 있다. 어쩌면 우리는 혼자가 되는 것을 두려워하는지도 모른다. 혼자 있는 사람을 보면 안쓰럽게 쳐다보는 시선이 두렵고, 소속감이 없어진다는 사실이 두렵고, 모든 것을 혼자서 책임지고 극복해야 한다는 현실이 두려울 것이다.

정말 그럴까? 과거 인류는 문제를 해결하기 위해 언제나 협력했다. 1개의 뇌보다는 여러 개의 뇌가 있을 때 더 많은 아이디어가 나오고, 혼자보다는 여럿이 함께 일할 때 더 쉽게 문제를 해결할 수 있었기 때문이다. 하지만 기술이 발전하고 지식을 활용하는 방법이 진화하면서 이제는 누구나 혼자서도 문제를 해결할 수 있게 되었다. 굳이 집단으로 뭉치지 않더라도 혼자 힘으로 얻을 수 있는 리소스의 양이 기하급수적으로 많아진 것이다. 이제는 스마트폰만 있으면 언제든지 정보를 검색할 수 있고 심지어 자신만의 콘텐츠를 만들어낼 수도 있다. 프리랜서가 에이전시의 일을 대체하고, 1인 미디어가 방송국의 기능을 대체하는 시대가 되었다. 그만큼 개인의 힘이 강력해졌다는 뜻이다.

혼자 있는 시간이 아직도 두렵고 막막한가? 우리는 혼자만의 시간을 통해 자신의 내면에 더욱 집중할 수 있다. 사람들의 소음에 파묻혀 풀리지 않았던 문제 해결의 실마리를 찾을 수 있다. 오히려 여러 사람의 의견이 모일수록 생각이 흐려지고 행동이 느려진 경험이 있지 않은가? 언제까지 가족의 시선, 회사의 시선, 지인의 시선에 맞춰 원치 않는 삶을 살 것인가?

물론 우리는 끊임없이 성장하고 자극을 얻기 위해 밖으로 나가 다양한 분야의 사람들과 만나고 경험을 쌓으며 영감을 얻어야 한다. 그러나 개인의 문제를 해결하는 일에서만큼은 온전히 자신의 문제에 집중할 수 있는 시간을 가질 줄 알아야 한다. 앞으로는 혼자 있는 시간을 두려워하거나 혼자서 일하는 방법을 알지 못하는 사람은 영영 앞서갈 수 없다. 혼자가 되는 것을 두려워하지 말자. 우리는 혼자서도 충분히 강하다.

오늘도 친구와 이야기한다. "미리 운동을 했어야 했는데…." "미리 공부를 했어야 했는데…." "미리 저축을 했어야 했는데…." 솔직해지자. 지금도 늦지 않았다. 그리고 내가 지금 무엇을 해야 하는지도 알고 있다. 우리는 이미 모든 해답을 가지고 있다. 그러니 작은 손잡이라도 있으면 우선 당겨보자. 그 안에 뭐가 있을지는 아무도 모르는 일이니까. 내 인생의 '럭키 드로우'는 내가 만드는 것이다.

마치며

먼저 그만두지만 않으면
게임은 끝나지 않는다

여전히 '나의 일에 모든 것을 걸겠다'는 확신이 들지 않는다면, 그건 아직까지 자기가 진짜 원하는 삶의 모습이 무엇인지 모르기 때문일 수도 있다. 하지만 너무 걱정할 필요는 없다. 열정을 찾아 업으로 만드는 일은 하루아침에 풀리는 게임이 아니기 때문이다. 이건 무언가를 찾는 게임이라기보다 '버리는 게임'에 가깝다. 지금 할 수 있는 일 중에 자신이 가장 즐길 수 있는 일을 찾아서 하나씩 해보길 바란다. 그 일이 좋다면 계속하고, 지루하게 느껴진다면 버리면 된다. 그리고 새로운 것을 찾아 배우고 도전하길 바란다. 그 과정을 통해 자신이 정말 좋아하고 잘할 수 있는 진짜 열정을 찾게 될 것이다.

나는 그래픽 디자이너로 일을 시작했지만 인스타그램에 도전했고 거기에서 즐거움을 느꼈다. 또 다른 도전을 위해 유튜브를 시작했고 그 안에서 새로운 기회를 만났다. 그다음엔 블로그에 도전했고 강연에 도전했고 책 쓰기에 도전했다. 그 덕분에 나는 다양한 분야의 사람들을 만나 함께 일할 수 있었고 거기에서 또 다른 즐거움을 느낄 수 있었다. 이 과정에서 한 가지 명확해진 것이 있다. 나는 '나의 메시지를 담은 콘텐츠를 만들어 사람들을 돕는 일'을 좋아한다. 이것이 내가 찾은 내 삶의 미션이다.

불행인지 다행인지 시장에는 감정이 없다. 내 브랜드가 인기를 끄는 게 시장이 나를 특별히 사랑하기 때문도 아니고, 내 콘텐츠의 조회 수가 낮은 이유가 시장이 나를 특별히 미워하기 때문도 아니다. 그러니 지금 하고 있는 일이 잘되지 않는다고 지나치게 자책할 필요는 없다. 시장은 감정이 없기 때문에 징징댄다고 내가 가진 문제를 해결해주지 않는다. 이 말이 너무 냉정하게 들리는가? 힘들면 언제든 울어도 된다. 불평불만을 늘어놓아도 된다. 혹시 지금 힘들어서 몰래 울고 있다면 다행히 아무도 보지 못했으니까 아무 일 없었던 것처럼 툭툭 털고 일어나서 다시 걸어가면 된다.

내가 잘하고 있는 게 맞을까? 나는 올바른 방향으로 가고 있는 걸까? 내가 실패하면 사람들이 어떻게 생각할까? 나 역시 이런 의심을 할 때가 있었다. 아니, 지금도 종종 그런 생각을 한다. 특히 같은 선에서 시작했던 사람들이 하나둘 그만두는 모습을 볼 때는 나도 불안하고 초조했다. 그들 중 몇 명은 나보다 훨씬 실력이 좋았기 때문이다. '그들도 성공하지 못했는데 내가 과연 성공할 수 있을까?' 하지만 시간이 지날수록 걱정은 점점 희미해졌다. 성공하는 사람들의 비밀을 알게 됐기 때문이다. 그들은 단지 그 일이 성공할 때까지 그만두지 않았던 것이다. 면접에서 떨어져도 붙을 때까지 이력서를 뿌렸고, 주문이 들어오지 않아도 들어올 때까지 새 상품을 올렸고, 조회 수가 떨어져도 다시 오를 때까지 계속 콘텐츠를 만들었다. 그렇게 끊임없이 인생이라는 게임의 레버를 당겼다.

노력한 만큼 성과가 나지 않아 낙심하고 있다면 미래의 성공한 당신을 상상하며 이렇게 응원하자.

"나는 실패한 게 아니야. 이 게임은 아직 끝나지 않았어."

현재 나는 좋아하는 일로 행복하게 일하며 '내 일'이 기대되고 '내일'이 기다려지는 삶을 살고 있다. 월요일이 두렵지도 않고 밤늦게까지 하는 일에 스트레스를 받거나 투정을 부리지도 않는다. 가끔 밤을 새우고 끼니를 잊을 정도로 일에 열중하지만 전혀 힘들지 않다. 오히려 일이 너무 재밌다. 나는 지금의 삶이 너무 좋고 행복하다. 앞으로도 나는 '좋아하는 일로 행복하게 일하자'라는 메시지를 세상에 전하는 크리에이터이자 예술가이자 사업가로 살아갈 것이다. 그게 내가 받은 이 행운을 세상에 보답하는 일이 될 테니까.

자, 그러니 이제 당신만의 이야기를 세상에 전해보자. 당신은 세상에 어떤 메시지를 전하고 싶은가?

럭키 드로우

초판 1쇄 발행 2022년 1월 25일
초판 20쇄 발행 2024년 10월 2일

지은이 드로우앤드류
펴낸이 김선식

부사장 김은영
콘텐츠사업본부장 임보윤
기획편집 성기병 **책임마케터** 이고은
콘텐츠사업1팀장 성기병 **콘텐츠사업1팀** 윤유정, 한다혜, 정서린, 문주연, 조은서
마케팅본부장 권장규 **마케팅2팀** 이고은, 배한진, 양지환 **채널2팀** 권오권
미디어홍보본부장 정명찬 **브랜드관리팀** 오수미, 김은지, 이소영, 서가을
뉴미디어팀 김민정, 이지은, 홍수경, 변승주
지식교양팀 이수인, 염아라, 석찬미, 김혜원, 박장미, 박주현
편집관리팀 조세현, 김호주, 백설희 **저작권팀** 이슬, 윤제희
재무관리팀 하미선, 윤이경, 김재경, 이보람, 임혜정, 이슬기, 김주영, 오지수
인사총무팀 강미숙, 지석배, 김혜진, 황종원
제작관리팀 이소현, 김소영, 김진경, 최완규, 이지우, 박예찬
물류관리팀 김형기, 김선민, 주정훈, 김선진, 한유현, 전태연, 양문현, 이민운
외부스태프 기획 이진아콘텐츠컬렉션

펴낸곳 다산북스 **출판등록** 2005년 12월 23일 제313-2005-00277호
주소 경기도 파주시 회동길 490
전화 02-704-1724 **팩스** 02-703-2219 **이메일** dasanbooks@dasanbooks.com
홈페이지 www.dasan.group **블로그** blog.naver.com/dasan_books
종이 신승지류유통 **출력 및 인쇄** 민언프린텍 **코팅 및 후가공** 제이오엘앤피 **제본** 국일문화사

ISBN 979-11-306-7982-2 (03190)

다산북스(DASANBOOKS)는 독자 여러분의 책에 관한 아이디어와 원고 투고를 기쁜 마음으로 기다리고 있습니다.
책 출간을 원하는 아이디어가 있으신 분은 다산북스 홈페이지 '투고원고' 란으로 간단한 개요와 취지, 연락처 등을 보내주세요.
머뭇거리지 말고 문을 두드리세요.

나는 좋아하는 일로 행복하게 일한다.

나는 특별하고 멋진 사람이다.

나는 대체될 수 없는 사람이다.

나는 내 삶의 주인공이다.

나는 매일 발전한다.

나는 도전을 두려워하지 않는다.

나는 늘 올바른 결정을 내린다.

나는 모든 문제의 해결책을 가지고 있다.

나는 마음먹으면 무슨 일이든 해낼 수 있다.

나는 지금 필요한 모든 걸 갖췄다.

나는 오늘도 행복한 하루를 시작한다.

나는 나를 믿는다.

"나는 _____ 다."